中国律师实训经典

Lawyers' Ethics in an Adversary System

对抗制下的法律职业伦理

[美] 门罗 · 弗里德曼（Monroe H. Freedman）/ 著
吴洪淇 / 译

中国人民大学出版社
· 北京 ·

谨以本译著向弗里德曼教授致敬

献给奥德丽（Audrey）、爱丽丝（Alice）与杰拉德（Gerald）、萨拉（Sarah）、凯莱布（Caleb）以及朱达（Judah）

序　言

哈佛法学院的安德鲁·考夫曼教授最近提及他和我在法学院时曾经是同班同学，因而，我们曾经在同一时间、同一地点一起学习了法律职业伦理（legal ethics）——实际上，那是因为我们在法学院的时候实际上没学到什么有关法律职业伦理的东西。

在这种戏谑之言的背后却内含着一种严肃的担忧。法律职业从未对对抗制下律师职业责任的诸多难题给予足够的关注。更确切地说，最困难的那些问题已经被忽略，或者说它们已经通过两种方式被回避了。第一种方式是通过过于简化的概括，这种方式为某位法学院院长——同时也是美国律师协会的领导成员——所例证，该院长曾经告诉我说，所有的法律职业伦理学都可以通过这样一条单一规则表述出来："一名律师永远不应该做一位绅士不会去做的事。"

回避这些难题的另一种方式在于：通过发布声明或者行为规则的法典化编纂等诸如此类的方式，从口头上赞成基本的体系性价值的同时忽视了这样一个事实：即这些价值当中有一些彼此之间根本就是相互冲突的。比如在本书第三章中所讨论的，刑事辩护律师被要求了解有关委托人案件的一切情况并将所了解的情况作为顶级秘密加以保护，与此同时，他们又被要求将这些情况对法院坦白。很显然，一个人不可能同时做这两件事，这也就是为什么斯坦福大学法学院的安东尼·阿姆斯特丹教授曾经称职业道德准则（the Canons of Professional Ethics）“对法庭中执业律师的作用相当于情人卡对手术室中的心脏外科医生所起到的作用”的原因。

可能有许许多多的原因导致职业界一直无法勇敢地去面对其自身责任的性质。毫无疑问，一个原因在于，这些问题看起来真的无法获得令人满意的答案。另外一个原因可能是假定律师们自然而然会去做正确的事，假如有一些人不这么做的话，那么即便是尽力去劝导这些人——让他们意识到规范是什么样的、他们应该做些什么——也是毫无意义的。但是，对律师职业伦理诸多难题缺乏严肃认真的思考，其原因还在于职业界内部的这样一种态度：无法容忍将令人尴尬的职业内部困境暴露于公众面前，也无法容忍对一些假定的但未曾明言的规范一定程度上的隐性背离。

大概 15 年以前，我开始与极少数其他律师参与到对法律职业伦理的严肃讨论当中。这些律师大多数也在从事刑事辩护工作。我们发现，我们都在以各自不同的方式努力地解决某些令人心烦的伦理困境，我们还发现，分享我们的经验并将它们说出来非常有助于解决我们的难题，即便我们在许多方面仍然无法相互认同。

在随后的 1966 年，我担任了刑事审判协会（the Criminal Trial Institute）的联合主任（Co-Director），该机构曾经是为了对律师界成员进行培训、让他们处理刑事案件的辩护而建立的。作为该培训的一部分，我做了一个有关法律职业伦理的主旨演讲（opening lecture），在演讲中，我探讨了我的同事们和我所发现的刑事辩护律师所面临的三个最难的问题。这些问题是：（1）当你知道某个证人正要作伪证的时候，你是否应该支持该证人的立场？（2）在你明知某个控方证人准确无误且诚实可信的情况下，你是否应该为了使该证人显得犯了错误或正在撒谎而仔细盘问该证人？（3）在你明知某项法律建议可能会诱使你的委托人作出伪证的情况下，你是否应该向你的委托人提供该项建议？我以公认的半信半疑总结道：对抗制及其所带来的必然结果——律师与委托人之间的保密关系——常常需要给这些问题带来肯定的答案。

一则有关我演讲的简短报道出现在第二天早上的《华盛顿邮报》上，这则报道产生了两种不甚相同但又令人奇怪的相似的反应。其一，一位自由主义联邦法官写信给我，说我由于公开提出这些问题已经对职业界和刑事被告的权利造成了伤害。其二，几个非常保守的联邦法官在沃伦·伯格首席大法官（那时候他是美国哥伦比亚巡回区上诉法院的一名法官）的带领下徒劳地试图令我被剥夺律师资格并且使我被解雇——我当时担任乔治·华盛顿大学一名法学教授。事实上，仅在《华盛顿邮报》的报道出现一天之后，我就收到了美国地区法院准入与申诉委员会（the United States District Court Committee on Admissions and Grievances）的一封挂号信，该信通知我惩戒程序已经对我开始启动，几名联邦法官控告我“所发表的意见”已经明显违反了职业道德守则。*

对我演讲的这些反应凸显了职业内部反对直面对法律职业伦理诸多严肃问题的分析，也暗示了为什么这些问题未曾得到足够的研究。本书在一定程度上还例证了另外一个原因，那就是要解决通过诸多伦理价值相互冲突所展现出来的那些困境的巨大困难——如果不是不可能的话。

---

* 在此一事件之前，我还未曾打算在法律职业伦理方面写点什么。事实上，我的有关此一主题的第一篇论文一定程度上就是由于运用惩戒程序来阻止对这些问题的讨论的巨大压力所激发出来的。因而，我一度想将本书献给“美国的首席大法官，要不是他的努力，就不可能有本书的著述”。

比如说，当应该遵守保守秘密的承诺这一道德义务与应该诚实这一道德义务相互冲突的时候，律师在实践中该做何选择？在他们职业工作的过程中，律师们会了解到——用经典表述来说——尸体埋于何处。因而，本书的第一章开始讨论这样一个问题：当律师们面临着违反诚实的道德戒令还是违反信守承诺以及尊重被托管的秘密的道德戒令之间必须作出选择的时候，他们该如何应对？这些伦理困境没有容易的答案，但我们至少能够细致地去尽力提出一些答案，假如有可能的话，激发出负责任的讨论。这就是本书所要做的努力。

门罗·H. 弗里德曼

1975 年 3 月

致　谢

我对福特基金会感激不尽，正是该基金会所提供的资助才使本书的撰写以及为撰写本书在英格兰、苏格兰、加拿大以及美国所做的调查得以可能。

乔治·华盛顿大学国家法律中心的罗伯特·克雷默（Robert Kramer）主任顶住了来自一些法官和其他一些人的相当大的压力，这些人觉得我不应该被允许教授法律，与此同时，还不该被允许表达有关法律职业伦理的富于争议的意见。他对学术自由的坚强捍卫对我而言弥足珍贵。

除了我妻子之外，以下这些人对我在这一领域的思考贡献良多：他们是安东尼·阿姆斯特丹（Anthony Amsterdam）、芭芭拉·巴布科克（Barbara Babcock）、爱迪生·鲍曼（Addison Bowman）、萨姆·克拉奇菲尔德（Sam Crutchfield）、萨姆·达什（Sam Dash）、马文·E. 弗兰克尔（Marvin E. Frankel）、约翰·卡普兰（John Kaplan）、安德鲁·考夫曼（Andrew Kaufman）、霍华德·罗彻斯特（Howard Rochestie）、大卫·E. 赛德尔逊（David E. Seidelson）、理查德·尤

维勒（Richard Uviller）以及乔纳森·韦斯（Jonathan Weiss）。拉尔夫·坦普尔（Ralph Temple）和加利·贝洛（Gary Bellow）贡献最大。但是，我必须得指出：他们中每一个人或多或少在一定程度上并不同意我在某些问题上的见解。

本书的一些部分事先已经被作者发表在《密歇根法律评论》《乔治城法律期刊》《俄亥俄州立法律期刊》《宾夕法尼亚法律评论》《美利坚大学法律评论》、《法律教育期刊》《科罗拉多法律评论》《公民自由评论》（the Civil Liberties Review）、《纽约法律期刊》《ABA庭审律师》（the ABA Litigator）、《法学博士》（Juris Doctor）、《刑事法律期刊》（the Criminal Law Bulletin）、《纽约州律师期刊》《简报》（The Brief）、《审判》、Hall & Kamisar、《现代刑事程序》（Modern Criminal Procedure）、Kadish & Paulsen、《刑事法律及其程序》（The Criminal Law and Its Processes）、Weckstein（ed.）、《职业责任教育》以及Nader（ed.）、《律师中的裁决》（Verdicts on Lawyers）。

目　录

1

尸体埋于何处：对抗制与保密义务

最近，在纽约快乐湖（Lake Pleasant）的一起谋杀案中，该案的一名被告告诉他的律师他还杀了另外两人以及将这两人的尸体掩埋的地点。律师前往该地点，不仅察看了尸体还拍了照片。但是，在截至数月之后他们的委托人供述了这些罪行之前，律师一直未向当局告知有关尸体的事。除了向警方和控方隐瞒这些信息外，其中一名律师还拒绝将信息透露给受害人的一位家长，他在寻找失踪女儿的过程中找过该律师。

这样一起戏剧般的事件引发了许多有趣的反应。公众成员普遍对部分律师显而易见的冷酷无情深感震惊，这些律师的行为被认为是律师对公众利益和基本的正义感不健康地缺乏关注的典型表现。公众的这种态度得到了当地控方所发布的公共声明（public statements）的支持，控方寻求去起诉这些律师，因为他们既没有透露有关犯罪的信息，也没有看到死者的遗体本可以被体面地埋葬。除此之外，那些被新闻舆论所采访的律师和法学教授们的反应则是情感矛盾、困惑不已，这表明法律职业中的极少数人已经对本案所提出的与司法管理和职业责任相关的根本问题进行了严肃的思考。* **

一个人当然能够理解帮助这些家长以及给予受害者适当埋葬的尊严这样一种道德强制的合理性。从直觉上不那么容易理解的是律师们对其委托人以及更大意义上对一套司法管理制度——这套制度本身对保卫人类尊严非常重要——所负有的义

---

* 亨利·罗斯布赖特（Henry Rothblatt）是一本关于刑事审判辩护著作的作者，他还在纽约法律期刊上开了一组关于这一主题的专栏。他提出这些律师本应该咨询一下职业中的其他人。但是，从他的评论中似乎可以看出，如果这些律师事先咨询一下罗斯布赖特先生的话，那么他们就会被建议说这个问题是“难以解决而又容易引起关注的”，这是“一个无法解决的领域”。*N. Y. L. J.*, June 21, 1974, at 4. 与此类似的是，加利福尼亚洛杉矶分校的大卫·梅林科夫教授——曾经撰写过一部有关法律职业伦理的著作——给出了“一方面……另一方面”这样的回答，总结说，“律师们似乎处于两种相互冲突的义务之下”。*N. Y. Times*, June 20, 1974, at 26.

** 在本译著中，有以下三种注释：第一种为原著的页下注，在本译著中以“*”在页下标注出来的注释即为原文的页下注；第二种为译者注，用于译者对译著中某些地方的说明，在本译著中也以“*”在页下标注出来，但在最后有“——译者注”字样；第三种为原文的章后尾注，在本译本中按照阿拉伯数字编号在页下排列出来。——译者注

务。但后一种义务在我看来从另一个方向达到了道德上的平衡。简言之，这两位律师不仅在行为上没有什么不妥，而且如果他们违背了他们委托人的利益将信息泄露出去的话，他们将严重违反职业责任。要对这样一个答案进行解释，我们就必须回到我们刑事司法制度的特殊性质，确切地说，回到我们政体制度的基本原理上。

让我们以比较的方式从理解刑事辩护律师在极权国家所扮演的角色开始。正如哈瓦那大学的法学教授们所说明的："一位革命律师的第一要务并不是辩护说他的委托人是无罪的，而是确定他的委托人是否犯了罪，如果犯了，那就寻找一种能够令其最好地改邪归正的制裁。"①

与此相类似的是，一位保加利亚律师在一起叛国案件中，以下面这样一段话作为其辩护的开始："在一个社会主义国家，法官、检察官和辩护律师的职责没有什么不同……辩方必须帮助控方查明某一案件中的客观事实。"② 在该案件中，该辩护律师嘲笑了其委托人的答辩理由，该委托人被定罪并被处死。过了一段时间后，该判决被发现是错的，该被告人被"恢复名誉"。

当然，一个自由国家所要强调的重点是截然不同的。在我们的对抗制下，国家的利益并不是绝对的，甚至不是最重要的。个人的尊严被尊重到这样一种程度：即便国家明知某一位公民犯了某种罪大恶极的罪行，该公民仍然被赋予像聘请律师、陪审团审判、正当程序、免予自证其罪等多项权利。

一次审判一定程度上是一次为查明事实所作的调查。因此，这些基本权利最经常地被描述为预防在查明事实的调查中犯错的程序预防条款（procedural safeguards）。事实上，一次审判远不只是一次为查明事实所作的调查，而我们的司法制度

① J. Kaplan，Criminal Justice 256-66 (1973)；Berman，The Cuban Popular Tribunals，60 Colum. L. Rev. 1317，1341 (1969).

② J. Kaplan，前注①，at 264-65.

所提供的宪法权利的价值也完全比查明事实（truth-seeking）的价值要重要——当我们想到这些权利还有其他宪法所保护的权利可能完全是妨碍而不是促进事实的调查的时候，这样一个事实也就一目了然了。比如说，还有什么方式比要求自证其罪、至少是强制被告出庭作证并在陪审团前接受讯问能更有效地揭发一名被告的罪行呢？然而，被告被事先假定是无罪的；排除合理怀疑来证明有罪的举证责任由控方承担，甚至连有罪被告都有保持沉默和“完全的宪法权利”③。

这样，辩护律师的职业责任也许在相当程度上在于建议委托人隐瞒事实。正如杰克逊大法官所说：“任何称职的律师都将明白无误地让犯罪嫌疑人无论在什么情形下都对警方保持沉默。”④ 与之相似的是，辩护律师有义务防止那些可能完全可信的证据的采用，比如违反第四修正案所取得的凶器、真实但非自愿的口供。怀特大法官曾说，虽然执法人员必须只能使用真实证据，“但辩护律师却没有相当的义务来查明或者提出事实真相。我们的制度给他分配了一项不同的任务……我们……坚持主张他应该为其委托人辩护，无论该委托人是有罪还是无罪的”⑤。

辩护律师的这种行为并未构成阻碍审判罪（obstruction of justice）。恰恰相反，该行为是“强加于大多数正直辩护律师的义务的一部分”，从他们身上“我们所支持或要求的行为很多情况下与事实调查的关系甚微——假如有关系的话”⑥。哈兰大法官也得出了同样的结论，他写道：“为了满足其职业责

---

③ Escobedo v. Illinois，378 U. S. 478，84 S. Ct. 1758，12 L. Ed. 2d 977 *passim*（1964）.

④ Watts v. Indiana，338 U. S. 49，59，69 S. Ct. 1347，93 L. Ed. 1801，1809（1949）（单独意见）.

⑤ United States v. Wade，388 U. S. 218，256-57，87 S. Ct. 1926，18 L. Ed. 2d 1149，1174（1967）（不同意见），citing，*inter alia*，Freedman，*Professional Responsibility of the Criminal Defense Lawyer*：*The Three Hardest Questions*，64 Mich. L. Rev. 1469（1966）.

⑥ United States v. Wade，前注⑤，at 258，18 L. Ed 2d at 1175.

任”，律师“不可避免地会成为查明事实的障碍”⑦。沃伦首席大法官同样承认：当刑事辩护律师成功地阻止了政府为了诱出事实证据以侵害宪法权利的方式所作出的努力时，该律师“仅仅是履行了……良好的职业判断”以及“践行了根据他的誓言——在其能力范围内保护其委托人的权利——他所应该做的而已”⑧。沃伦首席大法官总结道：“根据我们的宪法，通过履行这一责任，律师在刑事司法管理体制中发挥了极其重要的作用。”⑨

很显然，这些杰出的法官并不想轻率地得出这样一个结论：一名法庭的职员（officer）有在通往事实真相的道路上设置障碍的职业责任。他们的理由再次回到了我们刑事司法制度的特殊性质以及我们政体制度的基本原理上。在我们允许政府剥夺任何一个人的生命、自由或者财产之前，我们要求政府必须正当地（duly）遵循某些程序——这些程序保障了对个人尊严予以尊重，而不去考虑这些程序对事实确定所造成的影响。

强调对抗程序有其自身的有关人类尊严的诸多根据——即便在损害真相调查的情况下，我的意思并不是反对查明真相或者暗示对抗制与真相调查无关。恰恰相反，事实真相是一种基本价值，而对抗制则是用于查明事实真相最有效率的、最为合理的诸多方法中的一种。这种制度源于这样一种假定：查明事实真相的最佳方法在于将持相反观点的双方之间的冲突呈现在公正无私的法官或者陪审团面前，并且分配给每一方这样一个任务：以尽可能全面而又有说服力的方式安排（marshalling）、提出证据。双方律师用于查明事实真相的技巧包括调查、审前证据开示、对对方证人的交互询问，以及在证据总结阶段的证据编排。这样，法官或者陪审团就获得了每一方的最强有力的

---

⑦ Miranda v. Arizona，384 U. S. 436，514，86 S. Ct. 1602，16 L. Ed. 2d 694，746，10 A. L. R. 3d 974 (1966)（不同意见）.

⑧ *Id.* at 480，16 L. Ed. 2d at 727.

⑨ *Id.* at 481，16 L. Ed. 2d at 727.

观点并被置于最有可能作出准确而公平的裁判的位置。不过，我现在所强调的要点在于，在一个尊重个人尊严的社会中，我们赋予查明真相的重要价值并不是绝对的，在有些情况下可能得服从那些更高的价值。*

有权获得律师辩护的理念是我们对个人尊严尊重的最重要的体现之一。没有人会被要求独自对抗纽约州人民（the People of New York）或者美利坚合众国政府令人敬畏的权力。相反，每一个刑事被告都获得一名律师——一位反抗“狂热世界”的“斗士”“一个他必须信赖的孤独的声音”“他将深信在遵守程序规则和职业行为标准的情况下，他的利益将受到最大程度的保护”——的保护。⑩ 除此之外，律师在保障法律面前人人平等上起着巨大的作用。正因为如此，律师已经被称作“平衡者”，他“使每一方当事人在他参与审判过程中所依据的实体法和程序法下的地位尽可能平等”⑪。

但是，“只有在律师了解了他的委托人所知道的所有”与案件相关的事实后，律师才能有效地做好辩护工作。⑫ 委托人通常无法评估特定事实的相关性或重要性。⑬ 那些看起来似乎会使委托人获罪的事实也许事实上是脱罪的材料。比如说，一名委托人不愿意告诉她的律师她的丈夫曾经用一把刀袭击过她，因为这一事实将会证实她事实上曾经对他开过枪（而这将与她一开始说的相矛盾）。经过她的律师的反复劝说——坚持让她完全地、直言不讳地把一切都说出来，她最终“承认了一

---

* American Bar Association, Standard Relating to the Prosecution and Defense Function, General Introduction 5 (1971). *CF.* 斯图尔特大法官说：“……一次审判的最基本目的在于查明真相……相比之下，第五修正案反对自证其罪的特权并不服务于事实确定。该特权就像第四修正案的保护一样，作为对某些截然不同的宪法价值的保护而存在……承认这些，其目的也仅仅在于给予这些价值纯粹的尊重。”Tehan v. United States *ex rel.* Shott, 382 U. S. 406, 416, 86 S. Ct. 459, 15 L. Ed. 2d 453, 460 (1966).

⑩ American Bar Association, Standard Relating to the Defense Function 145-46 (1971).

⑪ *Id.*

⑫ *Id.* at 147.

⑬ EC 4-1.

切”，这些陈述使律师能恰当地为其辩护并依据正当防卫获得成功。

然而，很显然，除非委托人能够被保证律师将会以最严格的保密措施来保护所有这些信息，否则，我们就无法期望委托人将所有潜在相关的信息——其中包括极有可能使其获罪的那些信息——透露给律师。“委托人和其律师之间关系的目的和必要性”要求委托人能“最充分、最自由地表达”其“目标、动机及行为”。如果律师们被允许泄露这些秘密，那么“不仅粗暴地侵害了对其角色的神圣信任”，而且将“最终破坏、阻碍从职业帮助中所获得的有效性和好处”⑭。这种对保密性的“神圣信任”必须是“在任何情况下都不得违反”的，否则，委托人就无法自由地“将（秘密）托付给期望能为其提供法律建议和帮助的律师”⑮。一旦破坏了这种保密性，“人们就不会冒险去咨询任何精于此道的人，或者只敢将案件的一部分告诉他的律师”⑯。结果将会损害“委托人对律师进行咨询的绝对自由”，而这种自由“对于司法管理来说是至关重要的”⑰。因此，新的律师责任守则规定：律师不得故意泄露委托人的机密（confidence）或秘密（secret），不得利用该机密或秘密对委托人有所不利，也不得在未经委托人同意的情况下，利用该机密或秘密为第三方牟利。⑱

那么，这一点就很明显了：对抗制度——律师们在这种制度下发挥作用——就会事先考虑到律师们将常常从委托人那里获得使其严重获罪的信息，甚至有可能像在快乐湖案件中那

---

⑭ Meechem，Agency § 2297 (2d ed. 1914).

⑮ American Bar Association，Committee on Professional Ethics and Grievances，Opinion150 (1936)，quoting E. Thornton，attorneys at Law § 94 (1914).

⑯ Greenough v. Gaskell，I Myl. & K. 98，103，39 Eng. Rep. 618，621 (1833) (Lord Chancellor Brougham).

⑰ American Bar Association，Committee on Professional Ethics and Grievances，Opinion 91 (1933).

⑱ DR 4-101 (B).

样，得知委托人事实上犯下了严重的罪行。在这样一个案件中，如果律师被要求泄露这些信息，那么保密义务就会被损害，进而损害对抗制度本身。即便如此，仍然时不时会规定一个没有透露其委托人自证其罪的信息的律师将会犯下像妨碍司法、隐匿重罪犯等罪行或者成为犯罪之后的共谋。然而，这些规则如果适用于那些在委托人罪行已经犯下之后才从委托人那里获知其有罪信息的律师们，那就令人无法理解。首先，刑事法规应该被严格解释，避免将其使用到比立法者意图更为宽泛的范围或者适用于那些可能从未意识到他们的行为为非法的人身上。其次，一个条文应该被严格解释以避免不必要地提出宪法问题，尤其在该条文将会被发现违宪的情况下。最后，以一种损害传统律师—委托人关系的方式来解释一条普通的司法妨碍条文或者其他刑事法律，这将会违反获得律师辩护权、陪审团审判、正当程序以及免于自证其罪等宪法权利。

当然，这并不是说律师有超出对抗制度所赋予的保密需求之外去积极参与证据的隐匿或者妨碍司法的特权。比如说，在几年前发生于弗吉尼亚的赖德（Ryder）案中⑲，律师将其委托人保险箱（safe deposit box）中的枪身锯短了的猎枪和从一次银行抢劫中得来的钱转移出来，并为了安全起见放入律师自己的保险箱中。该律师被非常恰当地暂停执业 18 个月（要不是这样一个事实即赖德向法官与律师中的高级成员们寻求建议，并且行为很明显是出于无知而不是出于受贿，惩罚有可能会更重）。赖德案和快乐湖案之间非常重要的差别在于，赖德案中的律师在隐匿证据上所扮演的积极角色。比方说，没有迹象表明快乐湖案件中的律师试图更有效地隐藏尸体。如果他们这么做了，他们就已经超越了保守秘密而变成了积极参与证据隐匿。

律师对过去犯罪的了解（这是我们迄今为止一直在讨论

---

⑲ *In re* Ryder, 263 F. Supp. 360 (E. D. Va. 1967).

的）与律师对将来犯罪的了解之间的区别同样值得注意。因而，对严格保密原则主要的例外在于“其委托人意欲犯罪的意图和足以组织犯罪的信息”⑳。但是，值得注意的是，即便在例外情形下，秘密的透露也仅仅是可允许的而不是强制性的。更有甚者，守则中的一个脚注认为只有当律师“排除合理怀疑”地知道将会有犯罪发生的时候才能适用这一例外。㉑ 在有关律师如何行使报告未来犯罪的裁量权方面，几乎没有什么指导。极端地说，以下情形看起来是清楚的：在对拯救一条性命有必要的情况下，律师应该透露信息。另一方面，正如在下一章将非常详细讨论到的，律师不得透露某一刑事案件中的委托人意欲在其为自己的辩护中作伪证的意图。

已经有些看法认为，与快乐湖案件中的两具尸体相关的信息与被告当前正被起诉的罪行没有关联，因而，这些信息在保密范围之外。基于三个理由这种观点没有什么法律依据。其一，一位不谙法律的外行人不应该被要求预测哪些秘密可能因为没有足够的法律相关性而超出保密范围。其二，这些信息可能与精神病的合法辩护高度相关。其三，如果有可能的话，律师有义务将其他不相关的犯罪纳入辩诉交易当中。㉒ 因此，有关其他谋杀的信息显然在保密范围之内。

有关快乐湖案件还有人认为保密义务已经无效了，因为被告已经在可能有助于辩诉交易的范围内同意透露给控方。不幸的是，辩诉交易是刑事司法制度的一个组成部分，正如上面所指出的，律师们有义务尽力在同一辩护中处理其他谋杀指控。因此，在没有丧失通常的保密权的情况下，如果被告无法为了有限但又极其重要的辩诉交易目的而被赋予保密权的话，那么被告就被剥夺了多项重要的权利。就水门调查中律师所代表的形象而言，已经展现出了一种截然不同的情境。在该调查中，

⑳ DR 4-101（B）.

㉑ Cannon 4，n. 16，quoting from ABA，Opinion 314（1965）.

㉒ American Bar Association，Standards Relating to Pleas of Guilty 18*et seq*.（1968）.

委托人已经授权律师将委托人的情况卖给报纸的专栏作家。由于在该案件中，被授权的透露超出了诉讼程序中有效代理的需要，因而委托人就丧失了保密权，而律师就可以被恰当地命令在大陪审团面前作证。与此相似的是，如果快乐湖案件中的律师已经被授权告诉受害人的家长，那么保密权将岌岌可危。

还有一种看法认为，如果快乐湖案件中的律师已经答应通过他们自己的调查来确认委托人的信息，那么他们就不受保密义务的约束。但是，律师有义务对案件的方方面面做一个调查，而且“不管被告对律师所做的供认或陈述是否包含构成犯罪的事实，该义务都存在……”㉓ 比方说，在调查中，快乐湖案件中的律师也许已经发现委托人关于他已经杀了其他人的陈诉是假的，那么这就对合法精神病辩护具有重要意义。*

概言之，宪法已经将对抗制度作为刑事司法管理制度来约束我们。这样一套制度重要的人道主义理由在于它保护了个人尊严，即便这种保护有时候可能需要对事实调查和政府意愿构成重大妨碍。该制度中的重要组成部分在于获得律师辩护权，如果被告不能与律师自由沟通的话，那么这种权利将毫无意义。

为了保护这种沟通——以及，最终在于对抗制度本身——我们赋予律师现在已被称作“神圣的信任”的保密权。当纽约快乐湖案件中的律师们克制自己避免将他们所知道的尸体隐藏地点透露出来的时候，这些律师们的行为与这种高度信任是相一致的。

---

* 也有这样一种看法，说律师可以通过匿名电话来透露信息。我不相信这种建议会有益于严肃的讨论——对委托人信任的违背可以通过一种秘密方式来使这种违背得以合法化。

㉓ American Bar Association, Standards Relating to the Defense Function § 4. 1.

2

热忱辩护与公共利益

正如前面一章所指出的，对抗制假定查明事实真相最有效率、最为公平的方式是在一位公正无私的法官或陪审员面前展示对于各方来说最为合理的论辩理由。这样，每一方的律师就必须“对委托人的利益给予全身心的投入，热忱地维护和保障委托人的权利并且发挥其最大可能的知识和能力”①。此一理念的经典阐述是由布鲁厄姆勋爵（Brougham Lord）在卡洛林王后案中为王后所作的事实陈述中作出的。有人威胁说他为其委托人提供辩护将会给——确切地说，已经给——王国造成打击，对此，布鲁厄姆声称：

> ……一名律师在履行其职责的过程中只知道这个世界中的一个人，这个人就是其委托人。为了保护他的委托人，他可以采取任何手段和权宜之计，而不必顾及其他人的危险和付出的代价，这就是他首要的也是唯一的责任；在履行这些责任时他一定不要顾虑他会给其他人带来的惊吓、痛苦和破坏。要把爱国者的责任和辩护人的责任区分开来，因为他必须不顾一切地勇往直前，尽管他不愿看到他的国家陷入混乱。②

实现正义——确切地说，实现我委托人的正义——哪怕天塌下来。这种辩护正是我作为一名委托人时所想要的、作为一名律师有义务给予的辩护。但这样一幅图景的其余部分也不应该被忽略，对抗制确保了另一方获得辩护并且确保在双方之间有一位公正无私的法官。因而，即便有辩护律师的辩护，天也不会真的塌下来——除非正义要求他们那么做，否则，天就塌不下来。

律师的义务——为委托人的利益全身心地投入以及为维护和保障委托人的权利而热忱辩护——似乎是无可争议的。然

---

① American Bar Association, Canons of Professional Ethics 15. *See also*, American Bar Association, Code of Professional Responsibility, Canon 7.

② Trial of Queen Caroline 8 (1821).

而，一次又一次地，一位有着某种意识形态责任（ideological commitment）的人会坚持认为：对于辩护律师在某一个特定的案件或者法律领域中应该怎样热忱地进行辩护，应该有一些公共利益方面的限制。比如，美国哥伦比亚地方法院的乔治·哈特法官曾经抱怨说：辩护律师在他们为那些被指控刑事犯罪的人的热忱辩护中，正在忘却控制犯罪的公共利益。在一次与法学院学生的讨论中，哈特法官斥责了律师为了他们委托人的利益常常提起"毫无意义（frivolous）"的动议——虽然在被质疑的时候，他被迫承认这些动议——他已经以这些动议毫无意义为由否决了它们，后来被上诉法院所支持。

从一个相当不同的意识形态观点出发，几年前，拉尔夫·纳达尔（Ralph Nader）带领一群法学院的学生在华盛顿特区的一家较大的律师事务所前——Wilmer，Cutler & Pickering——进行了游行示威。纳达尔先生的指控在于：在为通用汽车代理的某个案件中——在该案件中该公司被指控对环境造成了损害——该律师事务所与司法部谈判达成了一个对公司有利的合意谈判（consent decree）协议，进而避免了一个冗长的听证会，而在该听证会上政府可能提出对公司不利的证据。纳达尔先生的观点是：为了公众利益，必须让不利的信息得以公开（从而让那些可能会对该公司提起诉讼的非官方当事人（private party）获得这些信息），而通过谈判达成合意谈判协议，律师们已经违反了他们的职业责任。* 另外一个例证源于弗吉尼亚州政府在校园种族隔离案件中对全国有色人种进步协会（NAACP）的律师有效辩护的限制，这种限制的方式在于指控说，对那些案件中的委托人的劝诱违反了对律师广告的公共利益限制并据此进行纪律处分。③

一个更为晚近也更引人注目的例子是对詹姆斯·圣·克莱

* 在通用汽车案件中，如果存在对对抗制的损害的话，那并不是代理该公司的律师的错，而是为政府提供代理的律师的错。

③ NAACP v. Button，371 U.S. 415，83 S. Ct. 328，9 L. Ed. 2d 405 (1963).

尔（James St. Clair）为理查德·尼克松提供代理的批评，该例子表明了对有效代理有着种种公共利益限制。首先，这些批评提出圣·克莱尔先生及其前任查尔斯·阿兰·怀特教授（Charles Alan Wright）为尼克松先生的代理行为完全是不恰当的。当然，律师是可以以种种理由（包括个人的厌恶）来拒绝某一位委托人的。④ 尽管偶尔也会有人提出，律师应该有接纳任何一位需要法律服务的委托人，但事实远非如此。并没有——也不曾有过——规则规定律师必须像一把“雇用枪手”（hired gun）那样去提供法律服务，而不能有所选择地只为特定的委托人或者案件提供服务。的确，如果律师在感情上对某一委托人的利益过于排斥以至于损害律师代理的效果，那么该律师就有拒绝该案件的职业责任。⑤ 但是，如果律师会因为接纳了不受欢迎的委托人或者案件而受到诋毁，那么那些最需要获得代理的人就会发现他们很难——即便不是完全不可能的话——雇到辩护律师，而且对抗制的基础也将被消解掉。* 因此，律师可以拒绝任何案件，同时在他的职业资格范围之内应该有接纳任何案件的自由。

对圣·克莱尔先生的第二种批评观点承认他为尼克松先生提供代理是完全合情合理的，但该观点批评克莱尔先生将该项工作做得太好了，以至于超越了这些批评者以公共利益的名义所设置的界限。比如说，在《纽约时报》的社论版对页（Op-Ed）上的一篇文章中⑥，专栏作家安东尼·刘易斯（Anthony Lewis）指责圣·克莱尔先生在为尼克松先生的辩护行为中有一种“危险的傲慢”。据刘易斯先生说，不光圣·克莱尔先生

---

* 《华盛顿邮报》的政治漫画家赫布洛克（Herblock）几次将圣·克莱尔先生描绘成被一名盗贼所掌控，意即他构成其委托人罪行的共谋。可以肯定的是，如果律师在麦肯锡时期为共产党员提供代理，那么他们可能会被赫布洛克描绘成投掷炸弹的无政府主义者，尽管这样做已经构成了侵权（outrage）。

④ EC 2-26.

⑤ EC 5-2; DR 5-101.

⑥ N. Y. Times, March 18, 1974, at 29, col. 1.

的辩护"毫无疑问是错误的""比令人误解更为糟糕"，而且这些辩护使圣·克莱尔先生沦落为一名可能已经跨出辩护的伦理界限的"政治代言人"（political mouthpiece），从而可能已经危害了律师的声誉。刘易斯先生是一名具有相当理解力且深谙法律的评论家，因而他的观点值得认真考虑。基于同样的理由，刘易斯先生的观点也是相当危险的。

尤为刘易斯先生所诟病的是圣·克莱尔先生说他所代理的并不是尼克松先生而是"总统职位"。刘易斯说，这种主张比起"令人误解"和"危险的傲慢"更为糟糕，因为"它将詹姆斯·圣·克莱尔先生的声誉束缚"在这样一种谬见之上，即总统职位和理查德·尼克松的利益是同一的。让我们来看一看这种不合逻辑的推论。刘易斯先生的顾虑似乎可以分为两个部分。第一部分是圣·克莱尔先生正在危害他自己的声誉。第二部分是圣·克莱尔先生的辩护（比如说对适用于弹劾的法律的限定以及对证据的限定）可能会"破坏代议制政府制度"。

第一种顾虑实质上部分依赖于第二种顾虑。只有在圣·克莱尔先生作为一名辩护律师过于热忱的时候，他的声誉才可能受到危害。而称他为政治的或者其他的"代言人"则完全不会造成这种情况。事实上，那种修辞严重而不负责任地侵害了对抗制本身。让我们直话直说吧：律师最为重要的作用之一在于以最有说服力的方式为委托人的利益代言，从这种意义上说，律师是一名代言人。如果圣·克莱尔先生将会因为顾虑其自身声誉而改变策略的话，那么他才会真正陷入伦理困境，因为"辩护律师承诺要保护的是委托人的利益，而不是法律的或者律师的个人长久利益"⑦。

刘易斯先生的两个顾虑于上述那个引注中都提到了。委托人的利益不仅高于律师自身的利益，而且高于"法律的"长远利益。简言之，刘易斯先生错就错在声称律师在提出有利于委

⑦ American Bar Association, Standards Relating to the Defense Function 150 (1971).

托人的主张之前必须将某些“历史和制度利益”考虑在内。或者更准确地说，他忽视了这样一个事实，即通过为委托人热忱的投入，律师所服务的制度是对抗制——正如我们已经指出的，这样一种司法行政制度独特地保护了个人的尊严和基本权利。

但问题依然存在：圣·克莱尔先生是否在他的辩护中走得太远以至于像刘易斯先生所暗示的那样越过了“他对其委托人应该遵循的伦理界限”?《职业责任守则》表明他并未越界。委托人有权进行任何合法的辩护⑧，而辩护律师可以极力赞成有利于委托人的任何法律解释“而无须考虑（律师）关于该种解释最后获得成功的可能性的专业意见”⑨。唯一的限制在于这种辩护不能是“毫无意义的”⑩。只要律师是为了改变现行法律而作出“善意的辩护”，即便律师明知提出的主张根据现行法是“毫无根据”的，这种情形也是符合标准的。⑪ 正如最高法院的一个判决所表明的，辩护律师有权提出委托人的主张，“即便这种主张看起来牵强附会而无法获得支持”⑫。不仅如此，辩护律师的义务还具有一种宪法要素，这种要素赋予委托人提出任何“非完全毫无意义”和“可待证成地”支持委托人案件的主张的权利。⑬

很难想象再对律师论辩的恰当范围做一个更为全面的阐述了。但是，只有那种宽泛的规则方能有助于保护律师的独立性，进而保护他们委托人的权利，方能抵制一些法官限缩辩护范围的努力，而让这样一种范围由辩护律师和委托人来决定。

---

⑧ EC 7-1. *See also*, American Bar Association, Standards Relating to the Defense Function 148 (1971).

⑨ EC 7-4.

⑩ *Id*.

⑪ DR 7-102 (A) (2).

⑫ Sacher v. United States, 343 U. S. 1, 9, 72 S. Ct. 451, L. Ed. 717, 723 (1952).

⑬ Anders v. California, 386 U. S. 738, 744, 87 S. Ct. 1396, 18 L. Ed. 2d 493, 498, *reh. den.*, 388 U. S. 924, 87 S. Ct. 2094, 18 L. Ed. 2d 1377 (1967).

最近一个案子是很有启发性的。为了使一项有罪刑事判决无效，哈佛法学院的阿兰·德肖维茨（Alan Dershowitz）教授辩护说检察官办公室（prosecutor's office）故意不将排除性证据提交给法院。美国联邦地区法院法官阿诺德·鲍曼（Arnold Bauman）几次在公开法庭（open court）上威胁德肖维茨教授说，如果他证明其主张的辩护无法让法官满意，他就将受到纪律处分。鲍曼法官同一个公诉处的前成员，在其斥责德肖维茨教授时所表现出来的愤怒无疑是真诚的。的确，鲍曼法官表示他并不认为作出不利于公诉人的驳回指控（unsupported charge）符合公共利益，这表明了本章的核心关注点。但是，法官的良好愿望这一事实凸显了多么努力的辩护会被这样一种观念所威胁，即限制性的职业标准或者“公共政策”限定了恰当辩护的范围。在鲍曼法官所举行的听证会上，考虑到允许辩护的幅度以及没有一种惩戒规则或者根据能证明，对一名做了最终为法院判决为无确实根据的辩护的律师实施处罚是正当的，因此，法官裁决不起诉德肖维茨教授。

回到刘易斯先生对圣·克莱尔先生的批评上：圣·克莱尔先生是否是为“总统职位”提供代理？很显然，刘易斯先生认为不是，我也觉得不是。但有一些人真诚地觉得是（显然，查尔斯·阿兰·怀特教授位列其中）。对于那些相信无论如何都需要一个强有力的总统职位的人来说，圣·克莱尔先生的主张当然不是毫无意义的。圣·克莱尔先生的辩护也恰恰不是超越常规的。比如说，在一项吸毒指控中，一位尽力将不利于其委托人的以非法手段收集的证据排除在外的律师可能同样会强调，真正的问题不在于被告有罪还是无罪，而是在宪法之下法律执行的整全性（integrity）——简言之，律师强调的是律师所代理的并不是一名罪大恶极的罪犯，而是第四修正案。

对于主张公共利益应该对热忱辩护进行限制的几种观点的一个巨大反讽是，支持对某一法律领域实施此类限制的人很少，如果有的话，会赞同对法律的其他领域也作出同样的建议。比方说，我怀疑刘易斯先生或者纳达尔先生会赞成弗吉尼亚州政府限制全国有色人种进步协会的辩护有效性的努力。当然，哈特法官也不会非常赞同纳达尔先生对通用汽车律师的谴责或者刘易斯先生对尼克松先生的律师的批评。

一位非常杰出的律师——那时候是一个较大的律师协会的道德委员会的主席——曾经告诉我说他的一位密友曾被卷入一起汽车事故，并曾经来找过他要求他提供代理。虽然这位律师一般不处理个人伤害案件，但出于友情的考虑他同意了。但几天之后，这位律师告诉他的朋友说，如果他为其提供代理的话，将会使双方都深受其害，他解释说，这是因为他无法下决心去运用个人伤害律师通常所采用的一些策略。他告诉我，律师所想到的策略包括诸如“连续地指定一些固定的听话的医生，可以依靠这些人去发现每一个伤害严重的、长达终生的后果并让他们据此作证”。这位律师自己的执业主要与政府商业管制相关，我问他在选择经济学专家的时候，他是不是闭着眼睛用大头针钉进一张列有在他办公室周围半径 10 公里之内的每一位经济学家名字的名单。他善意地笑起来了：“当然不是。但你似乎理解不了。”然后他提出一种解释来解释在他的专业领域对抗是如何运作的。这就是，政府有其自己的经济学方面的专家，这些专家都持某一种特定的专业观点，而私人公司也有其自己的专家，这些专家持另外一种不同的专业观点。然后专家意见之间的冲突通过询问和交互质证在公正无私的事实发现者面前展现出来，这样，事实发现者就可以处于最为合理的位置来作出一个明智的判决。

当然，为受伤的原告举证的医生与为保险公司举证的医生之间所呈现出来的相互对立的专家意见与此相同。对抗制度不仅将意见不一致的事实考虑在内，而且利用这样一种状况通过使多种观点形成对比来获得一个明智的判决。这样做，对抗制就以一种独特的方式来服务于公共利益。

不幸的是，对那些为不受欢迎的委托人和原因提供代理的律师的攻击已经超出了口头辱骂的范围。正如《哈佛公民权利—公民自由法律评论》（Harvard Civil Rights-Civil Liberties Law Review）上的一篇文章所指出的："作为一名为穷人、少数族裔以及政治上不受欢迎的人提供代理的律师，具有职业内和法律上的双重危险。"⑭ 该论文将20世纪60年代后期（延续至20世纪70年代早期）的不断强化的趋势，归结为对那些为不受欢迎的委托人和诉讼提供代理的律师所采取的协会惩戒性措施和藐视法庭罪指控。这种趋势已经受到伯格首席大法官的鼓励，但他同样担心热忱辩护已经超越了他所理解的公共利益的界限。因此，首席大法官指责"屡见不鲜"的过度热忱辩护已经导致了各种不当行为，这些不当涵盖了从行为紊乱（disruption of proceedings）到发现"（他们）能叫得多大声"或者他们侮辱了多少人——"这些人包括法官在内"。据大法官讲："很快我们会发现火冒三丈（adrenalin-fueled）的律师大声嚷嚷说他们的审判是一种'政治性审判'"，结果是"证据规则、伦理规范和职业行为规范——这些都是举止文明所需要的——全都变成了毫不相干"⑮。为了应对这种危急情势，首席大法官已经要求采取严厉措施——为了保卫公共利益课予律师以"严厉管制和公共责任"。

然而，考虑到实际情形，伯格首席大法官对"火冒三丈的律师"的抨击——必须对这些律师进行严格控制以免司法制度被法庭混乱所葬送——已经造成了一种不切实际的氛围。比如说，1971年《纽约时报》进行了一项对全国范围内的法律专家的调查和独立访谈，并报道说法庭的无序并"不是一个严重的或者日益严重的问题"⑯。与此相似的是，在由纽约市律师

---

⑭ Comment, *Controlling Lawyers By Bar Associations and Courts*, 5 Harv. Civ. Rights-Civ. Liv. L Rev. 301 (1970).

⑮ Burger, *The Necessity for Civility*, 52 F. R. D. 211, 212-14 (1971). 在1970年8月对美国律师协会、1971年5月对美国法律协会以及1971年7月对美国律师协会再一次的演讲上，首席大法官都提出了类似的意见。

⑯ N. Y. Times, Aug. 9, 1971, at 1.

协会所实施的范围甚广的一项研究中发现，“美国法庭并不存在大量的混乱问题”⑰。当然，不分青红皂白而又毫无根据地指责为不受欢迎的委托人和诉讼提供代理的律师与举止文明是否相契合这本身都是有疑问的。对适当的司法行政管理的真正威胁在于对这些律师的辩护的限制——无论基于何种理由。

由于最为尖锐的抨击是与所谓的法庭举止不当尤其是对法官的不敬相关联的，因而仔细考察从真实笔录中节选的片段是很有好处的。第一个片段来自一个案子，在该案中法官评论某一项证据是“极其粗俗的（vulgar）”，辩护律师回敬说他毫不怀疑比起作为律师而言，阁下是一名更庸俗（of vulgarity）的法官。第二个审判冲突事件涉及下面法官与律师之间的交锋：

法官：……你知道那是一个最不应该问的问题。

律师：我知道当一个人已经打定主意，那么就不会轻易改变。

法官：我现在不是让你做演讲。

律师：我要做一场演讲——那正是我应受的惩罚。

在第三段节选笔录中，律师与法官之间的对话是以这样一种方式展开的：

律师：我站在此处担任一位市民兄弟的辩护律师，我期望［本案的记录将是完整而精确的］。

法官：坐下，先生！记住你的职责，否则，我将有义务采取其他方式［比如说援引惩戒性措施］。

律师：［阁下］您可以采取任何您觉得恰当的方式。我深知我的职责犹如［阁下］您深知您的职责一样。我不会改变我的行为。

基于两个原因，这些冲突事件特别有意思。首先，这些事件中均未涉及现代美国律师；每个例子中的律师都是非常令人

---

⑰ N. Dorsen & L. Friedman, Disorder in the Court 6 (1974).

敬重的英国出庭律师。其次，最后的结果非但没有对律师实施惩戒性措施，而且每一个片段都被那些著名专家以十分赞同的口吻加以引用。

将法官的专业意见评论为庸俗的那位律师是马歇尔·霍尔爵士（Sir Marshall Hall），20 世纪早期英国的一位著名出庭律师（barristor），这样一个评论已经被其传记作者用来例证他在法庭上的机智。第二组交锋也与马歇尔·霍尔爵士相关，他的传记作者叙述说由于坚持要做一个演讲，霍尔真的那么做了，并且“在那天获胜了”⑱。

第三个例子中的律师正是英国法上的著名人物厄斯金勋爵。据坎贝尔勋爵所说，厄斯金勋爵对法庭的反抗是“律师业独立的一个著名主张”。与此相似的是，美国最受尊敬的法官之一、加利福尼亚最高法院的罗格·特雷纳（Roger Trayor）法官曾采用厄斯金的话来作为律师有义务以一种直接的方式来维护其委托人权利的例证。而路易谢尔（Louisell）和哈泽德（Hazard）则是通过如下评论来介绍该事件的：现在大家将如此之多的注意力放在避免不恰当辩护之上，以至于没有提醒今天的年轻律师其在对抗制下为其委托人提供有效辩护的义务是不恰当的。⑲

考虑到由于“芝加哥七君子”（Chicago Seven）案件所招致的恶名，将朱丽叶斯·霍夫曼（Julius Hoffman）法官在该案件中几次提出以藐视法庭来反对律师的行为与上述所引的摘录相对比将是很有意思的。⑳ 比如说，将厄斯金的“我不会改变我的行为”和霍尔的“我要做一场演讲”与以下由伦纳德·魏因格拉斯（Leonard Weinglass）所为的涉嫌藐视法庭的一

⑱ E. Marjoribanks, For the Defense: The Life of Sir Edward Marshall Hall 45 (1931).

⑲ D. Louisell & G. Hazard, Cases and Materials on Pleading and Procedure, Stat and Federal (2d ed. 1968).

⑳ 当然，这个讨论并未曾试图成为对“芝加哥七君子”案件中诸多复杂主题的一个完整分析。

个细节相比较：

> 魏因格拉斯先生：如果庭上允许，坐在此处的正是法庭的一名被告博比·希尔（Bobby Seale）先生。他被赋予辩护的权利。到目前为止，他还没有辩护律师。
>
> 法官：如记录所显示的，事实并非如此。
>
> 魏因格拉斯先生：伯恩鲍姆先生和巴斯先生已经退出本案的辩护。希尔先生目前在法庭上无人代理。
>
> 法官：魏因格拉斯先生，我命令你坐下。
>
> 魏因格拉斯先生：如果庭上允许，我希望知道……
>
> 法官：我希望你坐下，否则，我将要求法警护送你回到你的座位。
>
> 魏因格拉斯先生：我会坐下的，但我对此表示抗议。
>
> 法官：那么，就这么做吧。㉑

与此相似的是，人们也可以将马歇尔·霍尔先生的嘲弄法官的“庸俗”玩笑和威廉·孔斯特勒（William Kunstler）与霍夫曼法官之间的谈话进行对比。交谈是这样开始的：当时，某一检察官告诉某一被告，让他“洗澡去”。在接下来的谈话中，一些被告对再次提及浴室感到好笑，这便带来了下面这段对话：

> 法官：记录下来：在我命令法警让德林杰（Dellinger）保持安静的时候，他大声笑了出来。
>
> 德林杰先生：而且他现在还在笑。
>
> 法警：还有被告海登（Hayden），法官大人。
>
> 孔斯特勒先生：哦，法官大人，在谈到某个浴室的时候有某些幽默——但人们有时候会情不自禁，法官大人。您刚才也笑了。
>
> 法官：我的确相信你是情不自禁。我已经相信了。我

㉑ United States v. Dellinger, 69 Cr. 180 (N. D. Ill.), Tr. Sept. 24, 1969, at 24.

还从未在哪个案子中碰到如此不当的举止。

孔斯特勒先生：我知道，法官大人，但当你开一个玩笑而全法庭笑出来的时候，不应有人被扔出去。㉒

这个小小的讽刺语的后果是，霍夫曼法官判决孔斯特勒入狱三周。

诚然，对那些为不受欢迎的委托人和诉讼提供代理的律师的惩戒措施大部分与不当法庭举止的指控无关。凯瑟里克（Catholic）大学法学院的弗洛伦斯·罗伊斯曼（Florence Roisman）的案件，例证了申诉委员会将在什么范围内行使其自身的权力，而令那些更关心法律改革而不仅仅作为为付费的委托人服务的"雇用枪手"的律师感到烦恼。罗伊斯曼教授是哥伦比亚特区社区法律服务中心的一名律师。那时候罗伊斯曼才从法学院毕业没几年，她致力于改革华盛顿房屋租赁法中陈腐且不公平的规则。罗伊斯曼为哥伦比亚特区穷人提供服务的一个结果是，悉尼·J. 布朗（Sidney J. Brown）——特区最臭名昭著的恶劣房主之一——将她投诉到申诉委员会。布朗投诉的内容包括以下荒谬的主张：罗伊斯曼教授起诉他而没有起诉同样违反房屋法律的其他房东、她对他提起了一项——在他看来——毫无价值的诉讼，以及她曾经一度对他提起诉讼而后又根据法庭规则修改诉讼请求。

需要指出的是，这个哥伦比亚特区申诉委员会* 已经背负了除了极端恶劣的职业不当行为案件外其他方面一无所成的名声。连本地法官都指责说，他们向该委员会所提出的投诉大部分被视而不见——投诉律师在法庭喝酒，习惯性地不做准备，

---

* 其全称为美国哥伦比亚特区地区法院受理与申诉委员会。由于哥伦比亚特区律师协会在几年前已经统一，新的惩戒委员会和程序也已经建立起来了，因而地区法院的申诉委员会就没那么重要了。然而，正是该委员会在最近的 1974 年对约翰·班茨哈夫三世（John Banzhaf，Ⅲ）采取了惩戒措施，如果班茨哈夫教授不是以为政治上不受欢迎的案件提供代理而闻名的话，委员会就不会采取任何措施。这些惩戒措施最后被取消了，委员会承认他们没有理由来采取惩戒措施。

㉒ *Id.* Tr. Jan. 12，1969，at 21707-10.

无法恰当地为他们的委托人提供代理，甚至还有投诉一个明显精神错乱的律师居然作出想在法庭楼梯间大便这样荒谬的举动的。但是，该委员会已经如此迅速而强硬地对像罗伊斯曼教授这样的律师作出公开而又轻率的训诫，这一事实已经足以推断说，该委员会的权力已经因为某些压制性目的而被滥用了。与其他相似的场合相同，该申诉委员会如此急切地处置罗伊斯曼教授以致它违反了它本身的规则。比如说，该委员会采取并维持了惩戒措施，而不顾这样一些异议——作为一名法学院毕业生的布朗并不能证明他的投诉，而这是委员会规则所要求的。

的确，尽管该投诉的性质显然是无意义的，尽管该投诉所提出的要求不但不符合实行规范而且缺乏实质内容，但该委员会还是无法解决该投诉，甚至在整整 8 个月之后还无法确定时间来考虑该投诉。那已经说明了该申诉委员会的另一种在处理自己所不喜欢的律师上的滥用职权行为，也就是毫无限制地拖延处理过程。一个这样的案子被拖延上几年，因为委员会无法处理，这样，摆在律师面前的就是一种两难境地：要么让事情悬而未决；要么坚持继续前进，从而承受招致一种对其职业生涯不利结果的风险。

罗伊斯曼教授完全意识到她所将承担的风险，决定直面难题。为了她的利益，她向美国联邦地区法院提起了诉讼，该诉讼以受理和申诉委员会的九名成员为被告。大约在几天之内，该委员会就解除了对罗伊斯曼教授的指控，而在该委员会签订这样的书面协议——即一开始对她所采取的惩戒措施是没有正当理由的——之后，该法律诉讼也就撤诉了。

一个密切相关的问题是一些法官和申诉委员会在挖空心思地对一些律师滥用惩戒措施——这些律师认真对待诉讼，期望通过对司法的不公以及某些法官作为公共官员的徇私舞弊的批评，来对推动法律改革有所助益。㉓ 正如新的《职业责任守

㉓ *See*, American Bar Association, Code of Professional Responsibility, Canon 8.

则》所规定的："基于教育和专业技能，律师尤其能够辨认出法律系统中的缺陷并在那里实施矫正性措施。"㉔ 然而，当华盛顿一名杰出的律师（其时正担任哥伦比亚特区律师委员会主席）在一起警察涉嫌杀害一位市民的案件㉕中公开敦促司法部任命一名特别检察官的时候，申诉委员会对其采取了惩戒措施。在另一个案子中，天主教大学法学院副院长路易斯·巴拉卡图（Louis Barracato）在作为社区法律服务中心的一名律师时因为公开批评某位法官——该法官曾不当地指令他在一个明显有利益冲突的案件中为一名委托人提供代理——而受到纪律处分。在纽约，法律援助中心的一名首要律师马丁·厄尔德曼（Martin Erdmann），由于公开批评刑事司法的管理并将那些众所周知的参与这些拙劣行为的法官称作娼妓和妓院鸨母，而被指控藐视法庭。在华盛顿的另一个案件中，菲利普·赫希考普（Philip Hirschkop）成为一位地区法院法官千方百计想令其被剥夺律师资格的对象，最终，法官席上的三名法官决定最好是给予轻微训斥。当一家报纸记者问道训斥的意义是什么时，赫希考普回答说这仅仅是那位法官——他是如此费尽心机地想要在职业上毁掉赫希考普——的司法同行们为顾全其面子的一种方式，除此之外毫无意义。尽管这只是行使宪法第一修正案所赋予的权利，但赫希考普却遭到了申诉委员会进一步的惩戒措施。与此相关的是，美国民权联合会在哥伦比亚特区的分支机构的法务总监（legal director）拉尔夫·坦普尔（Ralph Temple）在一次电视采访中，反对对赫希考普的进一步处罚。结果是，申诉委员会千方百计地想得到采访的录像磁带，以便考虑对坦普尔公开指责对赫希考普公民自由的侵害行为提起指控。

在这些案件中，对律师最终都没有采取任何惩戒措施（除了对赫希考普的训斥之外，这种训斥事实上是法官的一种保全

㉔ EC 8-1.

㉕ *See*, pp. 91-94 *infra*，关于起诉者在此类案件中的利益冲突。

面子的方式）。然而，令人厌恶的在于，律师们不得不耗费时间和金钱，并蒙受不得不保卫他们职业声誉的羞辱。事实上，申诉委员会一开始就已经不可原谅地对相关案件毫不知情。但它很快就已经获悉这些权力机关对律师施加了一项批评司法暴政的义务，也知道这些案件支持这样的宪法权利，即律师像其他公民一样必须批评政府官员。比方说，在 *Konigsberg v. State Bar* 案件㉖中，一位申请者申请加入律师协会被拒绝，被拒的部分原因在于他曾经指控最高法院的成员们已经“叛变投敌”，而且“作为冷战机器的一个组成部分将矛头指向美国人民”。但最高法院在应对这些反对它自己的责骂指控时，发现这些指控“并不是非同寻常的极端”，并判决说“公平地解释”他们“仅仅是说某些官员正在以一种……对公众有害的方式来履行他们的职责”㉗。最高法院进一步判决说：“在我们的宪法体系下，公民有权批评政府官员和政府机关。法院不能也不应该对这些批评视而不见。”㉘ 最高法院总结说，“让律师不受胁迫——作为一个独立的律协的成员自由地思考、说话和行动——无论对社会还是对律协本身来说”，都是非常有必要的。㉙

还有一种律师应该和那些为穷人、少数族裔以及政治上不受欢迎的人提供代理的律师一起被列入处于危险的法律和职业处境者名单。奇怪的是，他们是那些为证券行业中的委托人提供代理的律师。在其他地方，我还提到过一类律师，证券交易委员会（the Securities and Exchange Commission）对这类律

㉖ 353 U. S. 252，77 S. Ct. 722，1 L. Ed. 2d 810 (1957).

㉗ *Id* . at 268，n. 27，268-69，1 L. Ed. 2d at 822-23.

㉘ *Id.* at 269，1 L. Ed. 2d at 823.

㉙ *Id.* at 273，1 L. Ed. 2d at 825. *See also* ，*In re* Sawyer，360 U. S. 622，79 S. Ct. 1376，3 L. Ed. 2d 1473 (1959)；Garrison v. Louisiana，379 U. S. 64，85 S. Ct. 209，13 L. Ed. 2d 125 (1964)；Willner v. Committee on Character and Fitness，373 U. S. 96，83 S. Ct. 1175，10 L. Ed. 2d 224 (1963)；Schware v. Board of Bar Examiners，353 U. s. 232，77 S. Ct. 752，1 L. Ed. 2d 796 (1957).

师的管辖权被严重滥用了。㉚ 但是，更利害攸关的在于这样一个事实，即证券交易委员会已经成功地威慑住了出现在其面前的那些律师，结果是在证券事务中这些律师的热忱代理被大打折扣。因为一位专业技能丰富并备受尊重的证券律师跟我抱怨说："纽约证券律师界的职业训练即将坍塌了"。而另外一位同样杰出的权威人士则说道："为了顺从证券交易委员会，证券律师界放弃了它对其委托人的责任了。"㉛

该委员会肇始于一些最好的动机。它在公共利益上负有重要使命，它被配备"少量"雇员以实现其目标。㉜ 该委员会曾寻求用于解决其困境的一种方式在于，坚持让律师为了公共利益而对证券交易委员会（SEC）——一个联邦机构——负有比对他们的委托人更高的义务。不可避免的是，这样一种主张（委员萨默（Sommer）将其形容为"革命性的"）㉝ 被委婉地表述成一种声称为"致力为公众的……公共责任"㉞。由于该委员会已经注意到："这个雇员稀少、资源有限却肩负重任的委员会尤其依赖那些在它面前执业的职业律师的正直与勤勉。"㉟ 因此，"该委员会的成员们已经反复强调说执行证券法

㉚ Freedman, *A Civil Libertarian Looks at Securities Regulation*, 35 OHIO ST. L. J. 251, 280 (1974); *Professional Responsibility in Securities Regulation*, N. Y. L. J., Apr. 24, 1974, at 1; *Securities Enforcement: A Reply to Critics*, N. Y. L. J., May 30, 1974, at 1.

㉛ 我所访谈过的许多律师几乎没有一个愿意透露姓名。这本身就表明了证券交易委员会与那些在它面前执业的律师之间的不健康关系。但是，在每一个涉及通过采访律师而获得的信息的例子中，随后我都会收到来自至少一位声誉卓著且经验丰富的律师的证实，他们证实我所收集的信息与她/他的经验是一致的。除此之外，由于前一脚注中所引的文章的发表，我已经收到了来自许多资深律师的许多信件，他们中大部分都为该委员会权力滥用提供了额外的例证，而且事实上，他们每一个人都由于担心招致对他们自己或者他们委托人的报复而要求不要使用他们的姓名。

㉜ "The Commission and the Bar: Forty Good Years", address by A. A. Sommer, Jr., Section of Corporation, Banking and Business Law of the American Bar Association, 97th Annual Meeting, Honolulu, Hawaii, Aug. 14, 1974, at 4.

㉝ Sommer, Emerging Responsibilities of the Securities Lawyer, N. Y. L. J., Jan. 30, 1974, at 4: 6.

㉞ Sommer, 前注㉛, at 10.

㉟ *in re* Emanuel Fields, 2 S. E. C. Docket 1, at 4-5, n. 20 (July 3, 1973).

律的重任很大程度上要由律师界来担当”[36]。证券交易委员会的律师们就这样变成——用委员小 A. A. 萨默的话来说——“另外一位正在巡逻的‘巡警’”[37]，结果是“关于律师及其角色的诚实性与可信性都（受到了）质疑并被置于险地”[38]。因而，当《纽约时报》将证券交易委员会的做法看作是坚持一种对对抗制度的“主要伤害”时，这并非危言耸听。[39]

通过使用证券交易委员会主席小雷·加勒特（Ray Garrett, Jr.）所承认的“过于拙劣的武器”[40]，该委员会已经成功地破坏了证券律师界的独立性，并成功地将律师对委托人的首要忠诚转移到一家联邦机构身上。加勒特先生已经解释说该委员会通过“适当的激励”来“对职业人员施加压力”，让他们为政府工作。这些激励既包括“奖励”也包括“惩罚”[41]。

这些奖励包括当一些律师出现在委员会面前时对他们的优待。比如说，一些律师的确获得了在对其委托人的诉讼处于紧要关头时出现在委员会面前的机会，而这样一些机会是别的律师所没有的。[42] 当然，这代表着一种有意识的努力，即鼓励律师出卖某些委托人的权利来奉承该委员会从而促进其他委托人的权利。同样，这实际上既是一种对辩护的有效帮助权利的否定，也是法律对那些其律师并未受到优待的委托人的平等保护的否定。

惩罚主要集中在胁迫律师放弃前面所述的对其委托人的热忱代理上。一位从事为其委托人的权利提供有力保障的律师被一名委员会雇员建议说，他应该“看一看全国学生营销公司投

---

[36] *Id.*

[37] Sommer，前注[32]，at 4：5.

[38] Sommer，前注[32]，at 4：6.

[39] N. Y. Times，June 23，1974，4，at 9，cols. 1-4.

[40] “New Directions in Professional Responsibility”，address by Ray Garrett，Jr.，American Bar Association，Washington，D. C.，Oct. 11，1973，at 15.

[41] *Id.* at 10.

[42] Freeman，*Administrative Procedures*，22 Bus. Law. 891，895 (1967).

诉”案。在该案件中，一家在国内享有崇高声望的律师事务所的成员们作为被告被该委员会诉至法院，这部分是因为他们从未向委员会告知他们在律师—委托人关系存续期间所获得的关于其委托人可能获罪的信息。的确，一位律师可能为了一位委托人的利益而出现在该委员会面前，而且他还没有收到关于律师也是调查目标的警告。在一个案件中，一位正在证券交易委员会参加一个会议——该会议主要讨论即将来临的对其委托人的调查——的律师在其拒绝透露他与那些和他委托人案件相关的目击证人所进行的交谈的内容之后，几分钟之内就收到了一张针对其个人的传票。此外，该律师还被暗示说，“他的主要义务是针对该委员会而不是针对其委托人的”㊸。在证券律师界内所形成的“恐慌气氛”㊹ 被这样一种暗示所强化了，这种暗示就是整个律师事务所可能会因为一部分单个律师成员的过失而被暂停执业或者被剥夺律师资格㊺——考虑到被剥夺资格或者被暂停执业可能是由于没有任何不当意图显露的单纯过失，这样一种惩罚就显得特别残酷了。㊻

我所听过的例证证券交易委员会与在它面前执业的律师之间不健康关系的最富有启迪意义的评论之一是由威廉·L. 卡里（William L. Cary）——委员会的前主席、现在是哥伦比亚法学院的一名教授——在一次面向证券交易委员会的从业者的演讲中提出的。卡里教授提到一位愤怒的律师曾经出现在委员会，抗议说一位雇员律师（staff attorney）曾经对其委托人采取武断的措施。带着明显的赞同和欣喜，卡里教授引用了该雇员律师所说的话：“听着，如果我们不是那么武断的话，你也就不会那么胖了。”卡里前主席从这样一个片段中所取得的教

㊸ Business Week，Aug. 10，1974，4，at 9，cols. 1-4.

㊹ *Id.*

㊺ Sonde，*The Responsibility of Professionals Under the Federal Securities Law—Some Observations*，68 Nw. U. L. Rev. 1 (1973).

㊻ SEC v. Spectrum，Ltd.，54 F. R. D. 70 (S. D. N. Y. 1971).

训就是："记住，你的行为取决于委员会的行为。"卡里教授接着责备律师们，说他们有责任"强迫"他们自己的委托人迈向一种"开诚布公的阶段"。

也许证券交易委员会最为危险的权力在于它可以制定它自己的惩戒措施来针对那些行为冒犯其成员的律师。当然，律协的公正纪律委员会所实施的惩戒措施和其对手所实施的惩戒措施有一个重要区别需要指出。当证券交易委员会想要惩罚某个律师的时候，其并不是以中立的第三方而是以一位参与者的身份来实施的。这就好像起诉者对被告律师拥有惩戒权或者是在个人伤害案中为原告提供代理的律师对那些为保险公司提供代理的律师拥有惩戒权一样。当为另一方提供代理的律师有权令辩护律师暂停执业或者剥夺其律师资格时，我们就很难期望一位辩护律师能够"全身心地为委托人的利益而服务，并且为了保障和维护其权利而进行热忱代理"。不仅如此，这样一种环境还被委员会所执行的标准的含糊性弄得更糟了。比方说，证券交易委员会主张基于对方律师"缺乏性格"而对他们实施惩戒的权力。㊼ 说这样一种权力会被滥用并非杞人忧天。正如委员萨默已经承认的，"短于经验而长于期望"的年轻雇员律师们可能会"很经常"地发现，反击富于技巧的对手的最佳方式在于，通过"强有力的权力主张"㊽。

该委员会是否拥有其所主张的惩戒律师的法定权力，这是应该被质疑的。㊾ 在我看来，这样一种权力违反了正当程序和有效辩护帮助的宪法权利。无论如何，人们至少期望该委员会以一种克制的态度来行使该权力。但是，正相反，在一个案件中，一位律师不得不到美国上诉法庭，要求撤销两年的中止执

㊼ 17 C. F. R. 201. 2 (e).

㊽ Sommer，前注㉛，at 13.

㊾ Brodsky，*SEC Disciplinary Proceedings Against Attorney—Private or Public?*，N. Y. L. J.，Aug. 21，1974，at 1.

业制裁，这一制裁是因为五年前的不当行为所造成的。[50] 虽然法院最终发现该委员会的证据不足以支持对不当行为的制裁并命令该委员会撤销对该律师的制裁，但此类权力滥用的威慑效果是显而易见的。的确，对于委员会来说，对一位律师简单采取惩戒措施就是对委员会本身的一种严重处罚。正如萨默委员所承认的，委员会"深知"一个针对某一位职业人员的惩戒措施具有一种"深远的敌对效应"，这种影响常常比对一位商务人员采取相似的措施的影响要"深远且具有摧毁性得多"[51]。尽管委员会中有部分委员有了这种意识（或者，可能正因为这种意识），但是证券交易委员会已经在寻求更进一步扩大它的惩戒权和这些惩戒权的破坏性影响。在其所提出的一项对其执业规则（Rules of Practice）的修正案中，该委员会已经建议其惩戒调查应该公开进行。当然，这样一种举措的结果将会严重伤害或者破坏律师的执业，即使该律师最终被发现没有任何不当行为。

证券交易委员会对其自身对手采取惩戒性措施可能是在惩戒行为中发生利益冲突的一个最极端也最为明显的例子。然而，正如本章先前所指出的，在无数的案件中为了削弱或者破坏那些律师——这些律师为那些不受惩戒权力行使者所欢迎的委托人或者诉讼提供代理——的职业生涯，惩戒权已经被滥用了。除此之外，无数批评家——每个人都有着一种不同的"公共利益"关怀——已经千方百计地抑制或限制为了相反观点所进行的热忱和有效辩护。

这些批评家所忽略的是热忱和有效辩护对于对抗制来说是至关重要的，而对抗制本身则是以一种极其重要的方式来服务于公共利益的。既富于启发又颇为反讽的是，正是前总统尼克松的首席大法官因为主张那些律师的委托人的审判是政治性的而对那些律师进行严厉的抨击，也正是尼克松先生的律师随后

[50] Kivitz v. SEC, 475 F. 2d 956 (D. C. Cir. 1973).

[51] Sommer，前注[31]，at 7.

因为作为“政治喉舌”而招致严厉批评。在抨击热忱辩护的过程中，我们不仅对公共利益造成了损害，而且将我们先前的保卫者置于险境，这些保卫者是当我们需要自己的辩护者来抵抗一个不甚友好的世界的时候，我们中的任何一个人都需要去拜访的。

3

伪证：刑事辩护律师的三难困境

一位刑事辩护律师出示伪造的证据究竟是否恰当？

人们的下意识反应是否定的。但是，经过分析，该问题显然是一个非常令人困惑的问题。我自己的答案是肯定的。

我们应该先来处理一些常见的丐词魔术式（question-begging）* 的反应。我们被告知律师是法庭官员，而且参与对真相的调查。然而，这些主张仅仅是用不同的词语来解释同一个问题：作为法庭的官员且参与对真相的调查，当律师们面对伪造的证据时他们该何去何从？正如我们在前两章中所看到的，律师在刑事司法的对抗制中承担职责这样一个事实赋予了辩护律师以特殊责任，如果不承认这一点，我们就无法恰当地回答这个问题。

首先，律师被要求确定“被告所知道的所有相关事实”①，因为“如果不了解事实真相，律师就无法恰当地履行他们的义务”②。那些忽略任何潜在的相关事实的律师“将会使自己无法有效地为其委托人服务”，因为“如果律师不知道在庭审中可能会提出些什么，也就无法进行恰当的辩护”③。

其次，律师必须最严密地保守委托人在职业关系发生过程中所透露的秘密。“对于律师—委托人关系而言，再没有什么比信任的建立更为重要的了。”④ 律师的“首要义务”在于“为其委托人保守秘密”⑤。如果不是这样的话，委托人就会无法自由充分地倾诉，而律师也将无法完成确定所有相关事实的职责。因此，辩护律师被要求与被告建立一种“信任关系”，

---

* 所谓“丐词魔术”是指把问题的结论作为大前提来提出，无论你答什么、怎么答，没关系，只要你答了，就只能是这个结论。——译者注

① American Bar Association, standards Relating to the Defense Function, §3.2（a）（1971）［下文引为 ABA standards］.

② American Bar Association, Committee ON Professional Ethics and Grievances, Opinion 23（1930）.

③ ABA standards, C a, at 204-05.

④ ABA standards, Commentary a, at 201.

⑤ *Id.*, quoting Taylor v. Blacklow, 3 Bing. N. C. 235, 249, 132 Eng. Rep. 401, 406, C. R.（1836）.

被要求说明“充分地获知所有事实的必要性”，以及向委托人说明“令被告的充分表达成为特免权的保密义务”⑥。

最后，律师是一名法庭官员，他/她在法庭上的行为“应该具有公正性”⑦。

一旦我们开始考虑到这些责任，显而易见的是那些尽职尽责的律师们就会面临我们所称的三难困境——也就是律师被要求了解一切，并将所了解到的予以保密，同时还要将这些信息提交给法庭。更进一步的是，由于无罪推定、政府在排除合理怀疑基础上证明其案件的举证负担和令控方检验其证据的权利，这些相互冲突的义务所呈现出来的困难在刑事辩护领域更加突出。在提出当委托人向律师暗示在以后将提交伪证的意图时刑事辩护律师有何责任这一主题之前，我们可以注意一下一个多少简单一些的问题：当律师在伪证提交之后而非提交之前才获知这一情况时，律师该当何为？尽管在最近的判例中有些含糊，但是规则似乎要求刑事辩护律师应该敦促委托人修改伪证，但是除此之外，保密义务却禁止律师泄露真相。

在一条根据旧的准则（Canons）更具有重要性的意见中，以亨利·德林克（Henry Drinker）为领导的美国律师协会职业伦理与申诉委员会的一个知名研究小组主张：如果委托人欺骗法官说他没有前科，律师即便知道事实并非如此也应该保持沉默。⑧ 该研究小组中的大多数人认为，应该对律师获知委托人的前科记录并非源自委托人这样一种情形加以区别对待。而威廉·B. 琼斯——当时是诉讼律师现在则是美国哥伦比亚特区地区法院的一名法官——则撰写了一份完全不同的意见，在该意见中，他主张任何情形下律师都不该戳破委托人的谎言。

---

⑥ ABA standards，§3.1（a）.

⑦ American Bar Association，Canons OF Professional Ethics，Canon 22（1908）.

⑧ American Bar Association，Committee ON Professional Ethics and Grievances，Opinion 287（1953）.

新的《职业责任守则》⑨ 的一个相关条款是DR 7-102（B）（1）。1969年最初起草的时候，该条款有两款——一条主要条款与一条“如果”条款。主要条款规定当律师获知某一委托人已经“准备欺骗某一个人或者法官”时，律师“应该迅速地要求其委托人纠正”这种欺骗行为。第2款规定：“……如果其委托人拒绝或者无法这么做，那么他应该向受影响的人或者法官揭穿这种欺骗行为”。这样，美国律师协会已似乎开始站在赞成让律师违背委托人的利益并违反保密原则而去揭秘的立场上。

在美国，哥伦比亚地区是第一个其执业律师关注该特殊条款并特别对该条款进行判决的管辖区。根据我的提议，当该地区适用守则的时候对DR 7-102（B）（1）进行修正，也就是完全删除了“如果”条款。在律师界内的一个邮寄投票（mail referendum）中，这种修正获得了74%的赞成票，或实际上是三比一。与此相似的是，魁北克律师协会——已经采用了美国律师协会守则的主要部分——已经否决了DR 7-102（B）。⑩ 除此之外，监管英国事务律师（Solicitor）的律师社团（the Law Society）已经采取了这样一种立场：事务律师必须保守秘密，即便当他在一个民事案件总结陈词后从委托人那里获知，某一位证人因为拿了委托人的钱而作了伪证。⑪ 最后，美国律师协会自己承认要求违反保密规则是不恰当的。1974年，美国律师协会为DR 7-102（B）（1）添加了第3款，根据该款规定，律师被要求揭穿委托人的欺诈行为“除非该信息作为特免交流而受到保护”。

当然，DR 7-102（B）并非仅仅针对刑事诉讼情形下的伪证。的确，哥伦比亚特区的律师界尤其关注离婚案件或税收案

⑨ American Bar Association, Code of Professional Responsibility (1970) [下文引为 the Code].

⑩ Bar of Quebec, Code of Ethics (Revised Draft, 1974).

⑪ T. Lund, a Guide to the Professional CONDUCT OF Solicitors 105 (1960).

件中民事律师的义务。[12] 然而，除了那些与从事民事业务的律师相一致的地方外，在刑事案件中，辩护律师的泄密行为将受到像辩护权、反对自我归罪权、陪审团审判权以及正当程序权这样的宪法条款的调整。因此，美国律协标准（ABA STANDARDS）在参考了 DR 7-102（B）（1）的原初草案后直接规定该条款"被解释为并未包括在刑事案件中虚假证据的提供"[13]。也就是说，即便在那些还未适用美国律协对 DR 7-102（B）的修正案的管辖区内，该条款同样不适用于刑事辩护律师。

在律师预知伪证的情况之下，守则的其他节从第一眼看来就是明确的。根据 DR 7-102（A）（4），律师不得"故意使用伪造证言或者虚假证据"[14]。但困难在于，守则并未说明律师如何着手履行这种义务。假如律师忠告委托人说作伪证不但是违法的，而且可能是糟糕的策略，但是委托人仍然坚持采取这样一种立场并在其自己的辩护中作伪证，那么律师该当如何？特别是，律师应该采取什么样的步骤？假如我们随着律师—委托人关系的发展来审查律师—委托人之间的关系并考虑作出实施伪证决定的情境的话，要回答这样一个问题有多么困难就显而易见了。

假如我们承认职业责任要求律师必须对每一个相关事实都完全了解的话，那么律师就必须从委托人那里获取真相而不是回避真相。这就意味着律师必须搜寻、探查并哄骗，甚至律师如果未能说服委托人对律师开诚布公将永远不会因为律师的任

---

[12] 这一修正的论据可以部分表述如下：《职业责任守则》的这一条款可以通过一个离婚案件来加以阐明。在一位丈夫的作证当中，他出示了他的纳税申报单并且作证说它是完整而又准确的。通过与其客户的秘密交流，这位丈夫的律师得知他还有其他的未申报的收入。该律师敦促他去纠正其虚假证言，但他拒绝这么做。如果该律师没有向其妻子及其律师、向法庭以及向美国国内税务局（IRS）披露这一未申报的收入的话，则所谓的 DR，将使该律师受到惩戒。

[13] ABA standards，Supplement，at 18.

[14] *See also*，DR 7-102（A）（5），（7）and（8）；EC 7-26.

何言语或行为而导致对委托人的损害，那么律师就将是失败的。当穷困的被告人在监狱或者在监狱圆形大厅第一次见律师的情况下，这一点尤其正确。该委托人不会选择这样一位律师，他就像是由法官所派遣来的一位陌生人并因而看起来似乎是一套正试图对该被告实施惩罚的体系的一部分。要说服委托人无所顾忌地畅所欲言，这并不容易。

然而，其律师被引入歧途的倾向不仅仅局限于穷人甚至也不局限于刑事被告。伦道夫·鲍尔（Randolph Paul）曾在一个生活环境优越得多的富有的群体身上观察到同样的现象。鲍尔先生写道，税务顾问有时候将不得不“破坏源自他自己那一方的不甚情愿的证人的案件事实——那些紧张不安的证人，那些为他们自己的利益所困扰的证人，那些试图在他们自己的利益上算计的证人以及那些本能上不愿意明白发生什么事的证人——尽管如果他们要条理清晰地作证的话完全可以”⑮。鲍尔先生接着解释说，只有通过说服委托人，说律师在任何时候透露委托人的秘密都是对一种神圣义务的违背，真相才能得以获得。当然，一旦律师已经通过保密义务来说服委托人的话，那么该义务就必须被严格遵守。

我们来假定以下这种情形。你的委托人被错误地指控说在晚上 11：00 在 P 街道第十六街区实施了抢劫行为。他首先告诉你的是，事发当晚他未曾在案发地六个街区范围以内待过。但是，你可以劝他说他必须告诉你真相而且他这样做了绝不会有损于他。然后，他就向你透露说那晚上 10：55 时他在 P 街道第十五街区，但他正往东走，远离犯罪现场，在晚上11：00 之前，他已经在六个街区之外了。第一个证人错误地——但有一定的说服力——指认你的委托人为罪犯。第二位控方证人是一位老太太，她有些紧张而且戴着眼镜。她诚实且准确地作证说在晚上 10：55 她看到了你的委托人在 P 街道第十五街区。

⑮ Paul, *the Responsibilities of the Tax Adviser*, 63 Harv. L. Rev. 377, 383 (1950).

她已经纠正了第一位证人的错误证词并使有罪判决极有可能。然而，在交叉询问中通过证实她容易迷糊而且视力很差，她的证言的可信性将遭到质疑。* 这样，确证的事实被排除了，陪审员们在脑海中就对控方的全部理由产生怀疑。

然后，该委托人坚持要自己出庭作证，他不仅否认了将他指认为罪犯的错误证据，而且否认了补强证人（corroborating witness）的真实的却受到严重破坏的证据，该证人证明他在案发五分钟前在离案发地一街区处。当然，如果他吐露了真相并因而证实了补强证人的话，那么陪审团将倾向于采纳主证人（principal witness）的非真实证言，该证人特别指认他为罪犯。

在我看来，在这种情形之下，律师的义务应该是劝诫委托人，告诉他打算出具的证言是非法的，但如果委托人决意出具的话，那么律师应该以通常方式提交证言并向陪审团论证该理由。任何其他步骤都将是对保密保证的违反，而正是这种保密保证促使委托人坦白一切，但对这种保证的破坏可能出现了。

对这种观点——律师必须与委托人实施伪证的决定保持一致——的一种常见的反对观点是律师将构成教唆伪证罪。但是，教唆罪是由蓄意说服他人作伪证构成的，这种情形并不是指当律师向委托人说明委托人所提出的行动方针是非法的，但其后却接受了委托人的决定。** 除此之外，还有这样一种观点——已经有许多资深律师向我表达了这样的观点——即刑事被告“有权编谎”。该观点所蕴含的是这样一种观念：期待那些在犯罪过程中被抓获并面临着自由的丧失和身陷囹圄的恐怖前景的人类一员不去尽力撒谎以摆脱这些惩罚是不现实的。基于该原因，在大多数欧洲国家，刑事被告并不宣誓作证，而仅仅是“陈述他们的故事（stories）”。同样需要指出的还有，在我们国家，对刑事被告提起附随的伪证指控是相当罕见的。但

* 在下面第四章中将会讨论交叉询问某一位正确而又诚实的证人的恰当性问题。

** 前文有关刑事法律通常对于律师—委托人关系的可适用性的分析在这里同样适用。

法官在判决的时候很可能会将这样一个事实考虑在内，即被告在辩护过程中显然曾经作过伪证。⑯ 这是在有蛛丝马迹表明委托人正盘算着作伪证的任何时候，律师有义务向委托人建议的一个当然要素。

迄今为止，讨论主要仅仅集中在当委托人提出伪证时律师所负有的义务。一些专家指出了由刑事被告——这些人有权采取这样的立场——所提供的伪证与由间接证人（collateral witness）⑰ 所提供的伪证之间的区别。我同意存在这样一个重要区别，我也同意涉及间接证人的案件远没有仅仅涉及单独一个委托人的案件那么清楚。但是在某一个案件中，当审判庭发现被告的辩护律师由于担心作伪证而拒绝传唤（put on）被告的母亲和姐姐时，便安排了一次重审。⑱ 配偶或父母当然在与被告同样沉重的压力之下实施行为，而且我发现很难想象我自己会揭发我的委托人的配偶或父母作了伪证，因而也很难想象会去揭发我的委托人。但是，我不知道这种亲密身份的范围应该划到多宽。

在一种对我的观点的批评中，加州大学伯克利分校法学院的约翰·努南（John Noonan）教授认为，辩护律师的真正作用在于帮助事实的审判者作出“明智而有见地的裁判”⑲。然而，在接下来的分析中，这种看法却仍然包含这样一个难题。比如说，我曾经提出说，一位刑事被告有权在向法院作“无罪”辩护的过程中撒谎，即便当被告明知这种辩护与事实相反。努南教授回应说，当无罪辩护在法庭审判这一情境中运用

---

⑯ *Cf.* United States v. Hendrix, Docket No. 74-1603 (2d Cir., Sept. 15, 1974).

⑰ *See, e.g.*, DR 7-102 (B); ABA Standards, Commentary a to §7.5; Bowman, *Standards of Conduct for Prosecution and Defense Personnel: An Attorney's Viewpoint*, 5Am. Crim. L. Q 28, 30 (1996).

⑱ *See also*, D R 7-102 (A) (5), (7) and (8); EC 7-26.

⑲ Noonan, *the Purposes of Advocacy and the Limits of Confidentiality*, 64 MICH. L. REV. 1485 (1966). 努南教授主要从 *Professional Responsibility: Report of the joint Conference* 获得理论基础, 44 A. B. A. J. 1160-61 (1958).

的时候，这并不是在撒谎，因为众所周知，这种无罪辩护意味着："根据法律的一般程序，我不能被证明有罪指控。"⑳ 然而，"法律的一般程序"无疑应该包括排除违反宪法权利而获得的相关的、真实的证据的宪法权利——即便以一个明智而又有见地的判决为代价。这样，为了对虚假的无罪辩护进行正当化或者合理化，努南教授被迫重新承认该制度中与其理论基础不甚相合的一些方面。当然，努南教授不可能提出说，当委托人的宪法权利与真相查明之间发生冲突时律师应当放弃他们委托人的宪法权利。但他的确主张律师确实应该走在那些长久以来被接受的诉讼策略（比如对那些相关的而又诚实的证人进行交叉询问）的前头，因为"裁决程序要走向合理的话，那么诉讼制度中反复的、合理的保密行为是必不可少的"㉑。这似乎意味着今天的委托人的财富、自由和生活可能会因为为了给明天的诉讼者创造一个更为合理的制度而作出牺牲。

更进一步的是，努南教授的一般观点无法决定具体的案件。与其他对律师可以故意提交伪证这种观点持反对态度的批评者一样，努南教授并没有指明一名律师在与委托人协商的过程中、在法庭上提交案件的过程中——作为一种切实可行的做法——该当何为。比方说，努南教授的观点如何解决以下这个案子呢？控方证人作证说抢劫发生在 10：15，并指认被告为罪犯。但是，被告有令人信服的在10：00至 10：30 之间不在犯罪现场的证明。律师提交了该证明，委托人被宣告无罪。这个证明是真的，但是律师知道控方证人在时间上犯迷糊了，律师还知道其委托人事实上在 10：45 实施了该犯罪行为。（反讽的是，正是同一个律师认为，在 P 大街第十六街区抢劫案中，律师为了无辜被告的利益而提交伪证显然是违反伦理的。）律师是否应该拒绝提交这个真实的不在现场证明？他如何可以避免这么做？当他确实提交了该证明时，他是否对明智而有见地

⑳ *Id*. at 1491-92，n. 28.

㉑ *Id*. at 1487-88.

的裁判有所助益？

对于该律师来说，避免这种伦理困境的最显而易见的方式是从该案件中退出，至少如果在开庭之前委托人有足够的时间另外聘请律师的话。那时候，委托人可能会走进最近的律师事务所，此时他会意识到保密义务并非像它被声称的那样，而且他还会向新律师隐瞒有罪信息或者犯罪事实。在职业伦理方面，在此种情形之下从案件中退出的做法很难获得辩解，因为同样的伪证最终还是会被提交。而且，新律师将对伪证一无所知从而无法尽职尽责地努力阻止委托人提交该伪证。只有知晓真相的原来的律师有这样的机会，但正是在避开该伦理难题的行动中，该律师丧失了这个机会。

当该委托人是穷人的时候，该困境就会尤其严重。在这种情形下，委托人无法雇用新的律师，而且在许多司法辖区里，除非有特殊理由，否则，被指派的律师或者公益辩护律师（public defender）不太可能从案件中退出。这样的话，律师只有通过向法官坦承他已经获悉了被告犯罪*或者是通过给法官一个虚假的或者误导性的能获得退出许可的理由才能成功退出。但是，对于律师来说，透露委托人有罪之信息显然是违反保密义务的，这尤其因为在许多司法辖区，批准律师退出的法官和随后听审案件并对被告作出判决的法官完全有可能是同一人。[22] 这样不仅法官在庭审开始之前个人就已获悉被告的罪行，而且新指定的律师将会对被告一无所知。

即便在律师是被雇用的情况下，退出可能不是一种可行的解决办法，这既可能因为庭审已经开始或者离开庭时间是如此之近以至于退出后会使委托人没有律师，也可能是因为出于其

---

* 律师用于劝说法官的惯用理由是“伦理困境”。法官明白，这意味着委托人不顾律师反对坚持提交一份虚假证明。在一个案子中，法官可能会错误地得出这样的推论，即此时律师的伦理利害关系与委托人想要进行有罪辩护的事实相关，虽然实际上该委托人是无罪的。

[22] *Accord*, ABA standards, at 12.

他原因法庭会拒绝退出请求。㉓ 在庭审期间或者即便是庭审即将开始之前法官是极不愿意批准退出的，这是因为这将赋予被告推迟审判日期的权限，甚至引发一系列无效判决。

被建议的另外一种解决办法是律师先申请退出，当该要求被拒绝后，该律师再继续代理案件，以通常方式引出被告的证据并向陪审团为该案件进行辩护。由于该建议的践行是建立在申请将会被拒绝的假设之下，因而这种建议对我而言似乎是毫无诚意的。如果律师避开了这种伦理难题，那也只是将这种难题传递给了法官而已。而且在这种情况下，委托人将有理由以被剥夺正当程序以及辩护权为基础提起上诉，因为被告已经被一名法官——该法官已经被被告自己的律师告知被告犯有被控之罪和伪证罪双重罪行——事先审理并判决过了。这种情形中的固有偏见已经为一起联邦上诉案件所例证了，在该案件中，多数人赞成将被告还押候审，以确定被告是否曾经被剥夺某些正当程序权利。但是，一位持反对意见的法官明显将其意见部分建立在有罪信息的基础上，这种有罪信息曾经被被告自己的辩护律师记入案卷之中。*

解决该难题的另外一种不成功的努力出现在“与辩护角色相关的 ABA 标准”中。该标准首次试图通过对那些赞成保守秘密者进行一种修辞性抨击来解决该难题，虽然这种抨击不为可行性分析或者可证实研究所支持。例如，该标准指出，律师可以以保密原则要求作伪证这样一种“显而易见的谬论”来作

---

* Holmes v. United States, 370 F. 2d 209, 212 (D. C. Cir. 1966) (Danaher, J.):

“发现霍姆斯的证言与其辩护律师的开场白不相一致，后者在陪审团缺席的时候告诉法庭：‘尊敬的阁下，出于记录之目的，被告在庭上所作的陈述大约有一半是完全出乎我意料的。’

“他补充说在‘无数次的会谈’过程中，上诉人‘一直告诉我’一个不同的情节。该律师没有进一步问霍姆斯任何问题。

“从前述看来，一些意见能够得以汇集起来用来解释有关为什么我没有和我的同事们一同认为有可能曾经存在‘偏见’。”（着重号为原文所加）

㉓ ABA standards, at 275. *See also*, Freedman, *Professional Responsibility of the Criminal Defense Lawyer: the Three Hardest Questions*, 64 Mich. L. Rev. 1469, 1476-1477 (1966).

为使用明知的伪证的借口这样一种观点已经“受到了法律职业界广泛的反对”。而“没有一位正直的律师”会接受这种观点，而且“每一位资深律师都能看出该观点作为一种背离道德和法律的手段的根本谬误”，这种观点的“微不足道的辩护”“贬低了法律职业并且试图将该职业拉到公众眼中的匪徒以及其‘代言人’层面上”。该标准总结说，这种观点是为“有道德的律师们所普遍拒绝的”，尽管该事实未能完全弥补由极少数如此“寡廉鲜耻”以至于做下如此之事的那些家伙所造成的“巨大伤害”㉔。

但在一百三十二页之后，该标准对律师有关委托人实施伪证的态度展现出了一种截然不同的评价。虽然据说“有些律师”赞成伪证的揭发，但该标准承认其他律师（不再像前面篇幅中的那些贬义词来形容他们）则主张保密义务并未准许律师揭发从委托人那里所获得的真相。该标准指出：揭发伪证“将会与律师在律师—委托人关系成立之初所给出的保密承诺相互矛盾”㉕。这样，该标准承认在坦白抑或保密的硬性选择之间存在一种真正的“两难困境”㉖。

由于事实上有三种义务共同催生了这样一种困境——第三种是律师知悉全部案情的义务，当然也就存在解决该困境的另外一种方式。也就是，通过“选择性无知”。律师可以在一开始就使委托人明白律师并不想从委托人那里听到有罪陈述或者犯罪信息。* 然而，这种观点将一种不合理的负担赋加到不谙法律（unsophisticated）的委托人身上，让他们去选择什么应

---

* 在批评一种他们所不赞成的观点中，ABA 标准又一次使用了苛刻的修辞：“部分辩护律师所采取的‘故意无知’操作的最为臭名昭著的形式是这样一种策略——这种策略偶尔会为某些寡廉鲜耻的律师在私底下或者在执业手册中或者在研讨会上所鼓吹——即一开始便建议委托人不要向律师承认任何可能妨碍律师在传唤证人或者在其他方面辩护的自由的信息。”据该标准，这种策略是“极端恶劣的”并且构成了“职业不当行为”。ABA standards Relating to the Defense Function, Commentary b to § 3.2, at 205.

㉔ ABA standards, at 142.

㉕ *Id.* at 276.

㉖ *Id.*

该说而什么应该加以隐瞒，而且这将严重削弱律师在为委托人提供辩护和审理案件中所起的作用。

比如说，一位赞成“选择性无知”可以避免三难困境的杰出律师告诉我他自己的一个案子，在该案件中，被告假想律师可能更愿意不知道这样一个事实：被告与被告方的首要证人曾经发生过性关系。由于该律师不知道该事实，结果导致他无法通过在陪审团遴选中向候选陪审员提出该事实或者通过在直接盘问中让被告和该辩方证人自由承认来将该事实的影响最小化。相反的是，律师获悉这种违法性关系的第一时间是在交叉询问中当控方戏剧性地从被告那里获得的勉强承认之时。辩护律师确信委托人并未犯他所被指控的抢劫罪，但被告却仍然被陪审团裁决有罪——在律师看来，这是因为被告犯了通奸罪，一种他未被指控的而且要轻得多的罪行。

问题仍然悬而未决：当面对委托人坚持要出庭作证并实施伪证行为时，律师该当何为？在回答该问题的过程中，该标准提出了一种非常奇特的解决方式。假如律师知道委托人将要实施伪证行为，该标准的 7.7 条款要求律师“必须限制他在是否将证人视为被告以及允许其发言的审查权”。也就是说，律师“按照惯例……不得参加对被告的直接询问”。这样，虽然在直接询问的过程中没有律师的协助，但是委托人的叙述将会成为审判记录的一部分。当然，一般规则是在对陪审团的总结陈词中，“律师可以为源于审判记录中的证据的合理证明进行辩护”㉗。然而，7.7 条款还规定：在总结陈词中，辩护律师被禁止参考委托人的证言。

这种建议至少有两种缺陷。第一种纯粹是实践上的：控方可能会对被告以叙事性方式而不是传统方式所作出的证言提出有效的反对，因为这种方式将会使控方没有机会在陪审团听到不可采的证据之前提出反对。第二种缺陷是该标准并未指出如

㉗ ABA standards，§ 7.8.

果该反对被支持时，辩护律师该如何行事。

更为重要的是，经验丰富的庭审律师常常指出陪审员们会设想被告律师知悉案件真相，而且陪审团常常会通过从律师在诉讼中的行为所作出的推断来对被告作出判断。㉘ 当然，如果被告自己的律师在诉讼进行到最关键的关头弃被告于不顾，而且在随后总结陈词阶段总结诉讼时，不参考被告已经给出的申明无罪证言，那么从中就只能作出一种推论。正如某个联邦法院所判决的：

> ……在陪审团面前不为案件作出辩护尽管通常仅仅是一种不会遭受审查的诉讼策略，而一旦归因于律师的良知，这种不履行显然属于不称职。这就好像律师告诉陪审团在作出供述时其委托人已经作了伪证那样不当。律师的辩护权包含了贯穿整个诉讼过程的有效辩护，而在如此低质量代理之处，有代理与没有代理无异，正当程序的保证已经被违反了。㉙

与此相似，乔治城法律中心的艾迪生·鲍曼（Addison Bowman）教授（一位经验丰富的辩护律师，同时也是哥伦比亚特区律师协会法律职业道德委员会的成员）曾经指出："我认为以一种可能会导致陪审团推断出辩护律师并不相信其委托人的方式来提出被告的证言，这对律师而言并不合适。"㉚ 富有讽刺意味的是，该标准反对任何涉及告知法官的解决方式㉛，但随后又提出一种在实质意义上既告诉了法官又告诉了陪审团的解决方式。看起来，美国律师协会标准已经选择了通过遵守完全了解案情以及向法院坦白的义务同时牺牲保密义务的方式来解决该三难困境。有意思的是，实际上并不是这么回

㉘ *See*, Burger, *A Sick Profession*?, 27 FED. B. J. 228. 229. 30 (1967).

㉙ Johns v. Smyth, 176 F. Supp. 949, 953 (E. D. Va. 1959) (cited, the Code, at 29, n. 3).

㉚ Bowman, *supra*note 16, at 28, 30.

㉛ ABA standards, at 12, 227.

事。我这么说是因为该标准无法回答一个极端重要的问题：委托人是否应该被告知7.7条款所赋予的义务？也就是说，该标准忽视了这样一个问题，即在律师和委托人关系成立伊始，律师是否应该这样对委托人说："我想出于公平起见，我必须提请你注意：一旦您告知我任何有罪信息并在随后决定在审判中否认该有罪事实，那么我将无法以通常方式来对你进行询问，也无法向陪审团为你的不实证词辩护。"比如说，加拿大律师协会对委托人提交伪证行为采取了极端强硬的立场，但该律协也清楚地规定委托人应被告知该事实。㉜很显然，任何其他措施都将是对委托人信任的违背，这是由于律师在尽力获取全部案情的过程中所说的其他一切，都将暗示委托人说律师所获得的一切信息都将不会用于对委托人不利。㉝

从另一方面来看，加拿大律协所采取的立场所带来的不可避免的结果，将是提醒委托人不要对律师完全坦白。当然，这就使我们重新回到通过遵守保密义务和坦白义务却牺牲了完全了解案情的义务来解决三难困境。正如我们看到的，这种方式已经被美国律协标准谴责为"不道德的""极为恶劣的"并且"职业不当的"㉞。

这样，美国律协标准由于无法直面是否应该告知委托人这样一个问题而带我们从一扇门逃离三难困境，却又带我们从另外一扇门回到原处。

在本章的先前部分我们指出，《职业责任守则》在禁止故意使用虚假证言这一点上似乎是非常清楚的，但该守则并未说明律师该如何来履行该义务。对已被提出的各种替代性方式的

㉜ Canadian Bar Association, Code of Professional Conduct, Ch. Ⅷ, ¶ 9, at 59-60, 62-64 (Special Committee on Legal Ethics, Preliminary Report, June, 1973).

㉝ *See*, Orkin, *Defence of One Known to be Guilty*, 1 Crim. L. Q. 170, 174 (1958). 除非律师一开始就告诉委托人说知悉有罪将使律师退出代理，否则，"出于善良道德和职业伦理考虑"，律师不应基于该理由而退出是"再清楚不过了"。American Bar Association, Committee ON Professional Ethics and GRIEVANCES, Opinion 90 (1932).

㉞ *See*, pp. 35-36 *supra*.

分析表明，它们当中没有一个是完全令人满意的，并且有一些方式是不切实际并且侵害了委托人的基本权利的。此外，美国律协标准建立在毫无依据的律师“普遍地”认为或者践行的主张之上。因此，思考律师在他们的日常工作中面临伦理问题的实际做法就具有重要意义了。

在哥伦比亚特区的律师中所作的一个调查非常富有启发性。大体结论是“被提问到的执业律师不到5%能一贯地以法律职业所声称的律师界成员应该行为的方式并且按照新的《职业责任守则》的要求来行为”㉟。尤其是，当被问到在委托人表现出要实施伪证的意图时律师会怎么做这一问题时，95%表示他们将责备（call）被告，而这些律师中有90%回答说他们将以通常的方式来询问证人。* ㊱

公布标准与职业行为之间的巨大差异可能会通过被请求参与调查的律师们的诸多反映获得最好的解释。几乎所有的被访谈的律师都拒绝作公开陈述（on-the-record statement），虽然他们都无一例外地乐意参加匿名访谈。㊲ 华盛顿极负盛名的两家律师事务所的高级合伙人在回绝了在事务所成员之间散发问卷之后，又允许在他们、律所其他成员以及他们事务所的名称不被公开的情况下进行个人访谈。在为他们的坚持匿名而道歉之后，两家律师事务所的律师都解释说，与他们日常所打交道的许多本地法官不愿意看到他们关于刑事案件中辩护律师的角色的真正看法，特别是当这些看法公开宣扬的时候。他们对未能遵守美国律师协会的有关提交伪证的相关规

---

* 在该调查中，律师作为一个群体反映出了一种与前述有关传唤一位伪证证人而不是被告的讨论中所表现出的矛盾情绪。只有微弱多数（52%）的受访者给出了肯定的回答，尽管在给出否定回答的那些人中有相当一部分是基于策略理由而不是基于伦理理由作出回答的。Friedman, infra note 34, at 69, 82. 遗憾的是，该问题未能将是配偶或者父母还是（比如说）泛泛之交所提交的伪证这两种情况区分开来。

㉟ Friedman, *Professional Responsibility in D. C.: A Survey*, 1972 Res Ipsa Loquitur 60 (1972).

㊱ *Id.* at 81.

㊲ *Id.* at 60.

则的理由是，这些要求将危及他们在对抗制中作为辩护人的作用。[38]

基于这些调查结果——这些结果中很大一部分源于所公布标准的不切实际——我们可能要转向《职业责任守则》的相关条款，同时以一种更富于批判的眼光来审视这些规则是否真的具有我们第一眼看上去所具有的价值。*

那些被立法者所援引的案例为了解有关立法之意旨提供了重要线索。这些案件中最为强烈地反对保密义务的是卡罗尔案（*In re Carroll*）[39]，该判例裁定一名律师“不应坐视允许他的委托人实施可能的伪证行为，律师的默示当然会误导法庭及对方当事人”。针对该案，可以得出三个重要结论。其一，该案件并非刑事案件，而是涉及离婚的案件。其二，该律师代理的丈夫一方作证说他一无所有，但在另外一个诉讼程序中，同一位律师已经由该委托人授权主张财产的所有权了。这样，保密义务已经通过委托人的授权而解除了。其三，假设卡罗尔案确实代表了赞同透露的绝对性判例，那么需要注意的是，该案件是被援引为某一伦理意见（Ethical Consideration）（仅仅是“倡导性的”）的一个脚注而非某一惩戒规则（Disciplinary Rule）（该规则为“强制性”的，规定了“一条行为底线，没有律师能够越过该底线而不被惩戒”）的脚注。[40]

被当前生效的惩戒规则的 DR 7-102 所援引的案件则截然不同。该案件——辛德斯诉州律协（*Hinds v. State Bar*）[41]——同样涉及离婚问题而不是刑事问题。最为重要的是，在该案中，

---

* 处理伪证使用的 DR 7-102（A）（4）主要根据律师是否“故意”作为而定。正如我们将在下一章所看到的，在法律职业伦理领域，这个词是富有技巧的——或者说得不厚道一些，是滑头的。有些人说律师从不曾“知道”委托人是有罪的或者说谎的。对于这些律师来说，从来不会出现该伦理问题，而《职业责任守则》和 ABA 标准的那些条款也就永远不会起到什么作用。

[38] *Id*. at 60. n. 3.

[39] 244 S. W. 2d 474 (Ky. Ct. App. 1951).

[40] the Code, Preliminary Statement.

[41] 19 Cal. 2d 87, 119 P.　2d 134 (1941).

律师已经参与了有待裁决（at issue）的伪造的书面陈述。（该律师还被证实曾经为了使其女儿成为受让人而更改了委托人的协议，而且显然在与惩戒行为相关的作证中作了伪证。）因此，如果将卡罗尔案和辛德斯案搁在一起，我们可能会推论出这样一条规则：在民事案件中，律师被（某一条伦理意见）期望能透露委托人向对方当事人所实施的欺骗行为——至少当律师曾因为其他目的被授权公开真相的时候；但根据某一条惩戒规则，律师被要求只有当其曾经参与了伪证的制造时，才能透露委托人的伪证行为。

在有关《职业道德准则》第 7 条的诸多注释（notes）中，还有另外一个相关例证。这个案件就是约翰斯诉史密斯案（*Johns v. Smyth*）[42]，与其他两个案件不同，该案件是一个刑事案件。约翰斯案位于《职业道德准则》第 7 条第 1 款开篇句子的一个注解中，该条款规定："一个律师的职责，无论对于其委托人还是对于法律系统，都是在法律的界限之内为其委托人提供热忱代理，这里的法律包括惩戒规则……"[43] 该案件判决道：因为律师由于相信其委托人已经犯下罪行因而并未以通常方式为该案件提供辩护，所以被告的宪法权利已经被侵害了。

因此，考虑到《职业责任守则》中缺乏切实可行之指引，考虑到任何一种严格遵守保密义务之替代方式所遭遇到的实际情况及宪法困境，考虑到律师界的实践及多数意见还有卡罗尔案、辛德斯案和约翰斯案——这些案件是为《职业道德准则》第 7 条的诸多注释所引用的三个关键案例——的推论，我继续站在那些律师一边，这些律师主张："律师的保密义务并未允许他们公开他从其委托人那里知悉的事实真相——正是这些事实真相构成了他作出这样一种结论的基础，即其委托人想要作

[42] 176 F. Supp. 94 (E. D. Va. 1959).

[43] Emphasis added.

伪证。"[44] 这意味着——对我而言，这似乎是必然的——刑事辩护律师无论在个人道德上多么不情愿，他都有一种以通常方式按照案件中的证据和被告提交的证据来询问实施伪证的委托人以及向陪审团作出辩护的职业责任。

[44] ABA standards，Commentary to §7.7，at 276.

4

交叉询问：伤害诚实证人

与刑事辩护律师是否应该出示明知的伪证这一问题相比，更为困难的问题在于：律师是否应该为了使证人显得犯了错误或说了谎话而对那些准确且诚实地作证的证人进行交叉询问。这个问题可以通过下列这个假想的案件来以一种与法律职业伦理相关的讨论方式提出来。①

被告是一位流浪者，他有时会在加油站做服务员。他被控强奸，一种死刑犯罪。而你是法庭为他指定的辩护律师。声称为受害者的是一位本地银行总裁的22岁的女儿。她即将和本镇一位前途光明的牧师订立婚约。而所称的强奸则在早晨发生于离城镇有一段距离的一家加油站，被告在这里被雇为服务员。这些就是在你第一次会见你的委托人时你所知道的一切。

首先，被告不会和盘托出。你向他保证说如果你不了解真相你将无法帮助他并且他可以放心你会对他所说的保守秘密。然后，他才说他的确和那位年轻女士发生了性关系，但她“完全是自愿的”。他说在此之前当他轮班在加油站工作的时候，他就曾见过该女士两三次，该女士看起来似乎“十分友好”，并且曾经以一种“调情的方式”和他聊过天。他说事发当晚她进来加油，他们聊天，而后她邀请他去她的车子。最后他们就顺其自然地发生了性关系。他们被附近的一辆车子的车灯打断了，这辆车子驶进了加油站。被告叙述说他离开年轻女士的车子并等候那位顾客。年轻女士则迅速驾车离开了。

被告告诉你说，四年前他在加利福尼亚曾因强奸被审判并被宣判无罪。他没有前科。

在大陪审团程序中，被害人作证说她当时正从灵修营（church camp）——其未婚夫在那里担任辅导员——回她父亲城里的房子的途中。她注意到油表提示已经没油了，她便将车停在了开放路段的第一个加油站。这位服务员看起来似乎单独负责该加油站，他强行进入她的车中，恐吓她并强行与她发生

---

① Symposium, *Standards of Conduct for Prosecution and Defense Personnel*, 5 Am. Crim. L. Q. 8 (1966).

性关系。她说当一辆正在行驶的车辆拐进加油站的时候，服务员被迫停了下来。声称受害人（the alleged victim）的父亲为其当时的诉苦（timely complaint）提供了证言。除此之外，未提交其他证据。大陪审团回呈了一份正式起诉状。

你得知受害人曾经和本地出身豪门的两位男子有染。史密斯是其中一位，他承认被害人曾经和他相处过一段时间，但却拒绝说出他是否曾经和被害人发生过性关系，并暗示你要是这么问的话他可能对你横眉冷对。而另外一位，琼斯，则显然是位深深失落的、妒火中烧的追求者，他爽快地陈述说他常常和被害人发生性关系，并且将她对待陌生男人的言行描述为令人厌恶的。他说，他曾经带她去参加一场兄弟会舞会，在此过程中，他注意到她曾经离开一段时间，当他在楼上发现她时，她正与一位兄弟会兄弟史密斯在床上半裸着。他似乎渴望出庭作证，而且他还指出这个女孩已经得到了她想要的东西。你相信了琼斯，但在一定程度上对这位失意求婚者明显的败坏该年轻姑娘的声誉的欲望产生心理抵触。

假设被告在你逼迫之下承认他强迫了被害人并且承认他的前一个故事只是个谎言。但他拒绝认罪和解或者寻求宽大处罚。他说用他的谎言他能够逃脱惩罚，因为之前在加利福尼亚他就这么干过。

辩护律师是否应该使用琼斯所提供的信息来对（impeach）那位年轻小姐提出异议，并且在必要的情况下传唤琼斯来作证？

针对此一问题发表看法的同行（panelist）之一是首席大法官（Chief Justice）（那时候还是法官（Judge））伯格。首席大法官首先根据“基本和根本规则”来探讨了此一问题。在这些规则之中，有一条被其认为具有“清晰明确、毫不含糊”的特征，该规则就是“无论在何种情势之下，律师都不得在明知的情况下……参与法庭上的欺骗行为”。他说，这一规则“无论在何种情势之下都无法获得任何例外”，而且没有其他理由

“可以来证成一种”对其“明知而故意的违背行为”。而且，只有“天真且毫无经验的人”才会持相反的立场，这样一种立场是“一个值得尊敬的职业的腐化和堕落行径”。确切地说，首席大法官认为其他观点是“如此的荒谬可笑，以至于人们会对为什么这样一个话题甚至需要在那些受过法律训练的人们中间加以讨论而倍感惊奇”②。

在如此强有力的修辞之后，伯格首席大法官对所提出问题的回答多少有点令人诧异。一位辩护者、“特别是对抗制下的辩护律师”的作用就在于运用“所有可能获得的合法手段来检验所起诉案件的真相”。因此，他总结道：“有关控方证人名誉败坏之证据如果从时间点上来说为晚近而非久远的话，那么该证据与其之可信性就是相关的。”③ 在陪审团讨论之后的提交表决阶段（question period），首席大法官作出了更为明确的表述：他认为通过破坏该女子之声誉来使其可信性受到质疑是符合伦理的，即便该律师知道其说的是实话。

这当然不啻鼓励了人们处心积虑地对事实发现者编造谎言。律师知道委托人是有罪的而受害者（prosecutrix）说的是实话。在交叉询问中，律师有且仅有一个目的，那就是使之看起来与事实相反，也就是受害者在作证其遭到强奸时说了谎。

在展示被告的伪造之证词——这一行为被首席大法官视为显然是不恰当的——与质疑说了真话的被害人之间，其实际效果只有一个区别。在两种情况下，律师都参与了误导事实发现者的行为。但是，在证人作伪证的情况下，律师仅仅问了一些非诱导性问题，而在质疑的情况下，律师则扮演着一个积极的、富有侵略性的角色，他运用了包括诱导性问题在内的职业训练与技能对被告的受害者进行着一对一的攻击，从而，律师亲身且直接地加入了对受害者、其家人以及其所雇请的代理人

② Burger, *Standards of Conduct for Prosecution and Defense Personnel: A Judge's Viewpoint*, 5 Am. Crim. L. Q. 11, 12 (1966).

③ *Id.* at 14-15.

的伤害。简言之，在“验证控方之案件事实”的幌子之下，律师们将谎言的极端错误（the most vicious of lies）传递给了陪审团和公众。

这个案件将我们引向我对处理职业责任诸多难题之传统进路的异议的核心。该种进路具有两种特征。首先，在修辞方式上，职业通常以一般的话语向所有人承诺其是正义和正确的。其次，具体问题被不加批判地根据立法条文来作出回答，而不考虑律师们可能作出行为的具体情境，也不考虑该行为的动机和结果。作伪证是错误的，所以律师在任何情形下都不应故意提交伪证。而交叉询问是好的，因而任何律师在任何情况下——无论其后果如何——都可以通过交叉询问来质疑证人。从另一方面来说，我目前所提出的职业责任体系是一个尽力依照具体情境来处理伦理难题的体系——也就是说，作为一个与一个自由社会中的司法相关的实用性社会政治体系之一部分，该体系将对动机和结果予以足够的考虑。在这一方面，这些争论让我们回到某些基本的哲学问题上，这些问题在职业责任文献中尚未得到充分的发展。

对一个法条主义的（legalistic）、反功利主义的伦理体系的经典解说是伊曼纽尔·康德的学说。④ 在衡量道德价值的过程中，康德拒斥了任何与动机或目的相关的要素，而是完全依靠行为准则所表达的义务的实现。因此，康德说道：“一个行为的道德价值并不在于期待从中所获得的效果，也不在于任何需要从这一预期效果中借助其动机的行为准则。”

康德对某一行为准则之有效性的唯一检验标准在于，任何人是否愿意而且能够使该行为准则成为一条普遍法则。康德特别提到了撒谎，他认为以下推理是不恰当的：“我不应该撒谎，因为如果我那么干的话，以后将没有人会相信我。”康德说道，其中之错误在于，人们之所以会说真话，将会是“由于对有害

④ 以下的讨论主要根据伊曼纽尔·康德，Fundamental Principles of the Metaphysics of Morals（T. K. Abbott，transl. 1949）.

之后果的担心”而不是由于对道德法则之义务。比方说，一个人正处于困境之中，而只有通过说谎才能摆脱该困境。人们可能会说为了摆脱这样一个不说谎就无法避免的困境，每个人都可以说谎。但是，“我马上意识到当我可以使说谎变得可能的时候，毫无疑问我也可以使说谎成为一条普遍法则”。从中康德推论说，说真话是一条普遍法则，这一法则在任何情形下都不应该被违背。因此，如果一名受害者从一个正要行凶的谋杀者手里逃脱之后，当谋杀者问到受害者藏在哪儿的时候，被问者应该说实话。撒谎——对道德法则的违背——不能由于微小的便利而得以正当化。

为了回应这样一种主张，似乎只要指出以下这一点就够了，即将一个更高价值置于某人对撒谎的道德正确性上而不是置于对无辜者的生命保护的道德体系上是有问题的。然而，法条主义者（legalistic mind）并不承认这样的原则冲突；比方说，如果一个人一方面已经答应被害人要给予他保护，而另一方面只有违背他对被告人的承诺才能对凶手保持诚实，这时他该何去何从？当然，这样一个困难总是与那些对委托人负有信托责任并且只有通过提交委托人的伪证方能违背该信托责任的刑事被告辩护律师所面临的难题如影随形。人们可以同意伯格首席大法官关于撒谎是不对的观点，却依然无法知道这样一个问题的答案，即对委托人撒谎和对法庭撒谎哪一种更为糟糕。*

但是，康德对功利主义的反驳中有一个非常重要的方面常常被忽略。这就是，在主张人们必须不计后果地遵循某一行为准则的时候，康德是在个人道德层面上来说的。但他离开个人

---

* 尽管伯格首席大法官分享了康德对违反规则的条文主义进路，但他却没有像康德那样拒斥一切自我的实用主义观点（pragmatic concerns）。因此，康德特别谴责这样一种观点：“如果我要保住我的名誉的话，我就不应该撒谎。”而在另一方面，伯格首席大法官则常常强调——至少作为次级观点——那些将保密置于开诚布公之上的律师将会在声誉上受到损害进而在作为辩护律师的影响力上也会受到损害。*See*, *e. g.*, Burger, *infra* note2, at 11, 13.

道德层面并以系统化语言来论述道德的时候，康德完全是实用主义的。因此，某一行为准则在第一个例子中是否有效（这区别于某一有效的行为准则是否应该被遵守）这一根本问题取决于某种功利主义，这种功利主义主要涉及该行为准则是否可普遍化，也就是该行为准则能否被具体化为切实可行的制度体系。比方说，康德确定为了使自己摆脱某种困境而撒谎这样一条规则无法被普遍化，因为“这样一条法律将毫无保障，因为宣称我有某种未来行动之意图对于那些不相信此种宣称的人来说是徒然无功的，或者即便他们过于匆忙地相信了你的这种宣称，他们也将会以其人之道还治其人之身”。因此，他总结说，“我的行为准则，一旦它应被制定为一条普遍的法律，将不可避免地违反其自身”。简言之，在判断某一行为准则的道德性的时候，“对我自己甚至对其他人”不利这样一个要素是不相关的，而对整个体系不利——该行为准则能否“成为某一恰当的普遍立法”——则是至关重要的。

法律职业伦理的传统进路的一个较大缺陷在于，它寻求在个人层面上以一种条文主义的方式来回答这些难题，而完全避开在体系层面上所提出的关键问题。这样，如果你对律师说：“律师负有不得参与提交伪证的道德义务，因此，如果你的当事人坚持作伪证的时候，你必须以违背委托人利益的方式来行事。”律师则有权这么回答：“让我们来考虑一下你的行为准则。如果该行为准则被具体化进入体系之中，成为对所有律师在所有情况下都适用的普遍法律，难道该行为准则不会既违背其自身又给整个体系带来损害吗?”

在前面一些章节，我们已经看到制度体系要求律师了解委托人所知道的、与案件相关的一切。为了使律师能获取这些信息，该制度体系规定了保密义务，该义务被设计来使委托人免于因为律师的泄密而遭受损害。除此之外，为了让委托人自由且充分地表达，律师还被要求向委托人说明保密义务。

那么，让我们回到那起涉及在P街道第十六街区街道抢劫的案子。在该案件中被告已被错误地指认为罪犯，却被一位戴着眼镜的、紧张的老太太正确地指认出在犯罪发生五分钟前出现在离犯罪现场一个街区之外。如果老太太未受到强有力的交叉询问而且证言受到动摇的话，这会促进有罪之错误证据的强化。另一方面，律师可能认为由于老太太诚实准确地作证，因而她不应该被弄得看起来像误认或者撒谎一样。但如果每一个通过委托人保密性透露而获知真相的律师都采取类似行为的话，则这样一种透露将很快被终止。结果，从实际意图上来说，可能会与"选择性忽视"一样，而这种"选择性忽视"则是美国律师协会标准所不赞同的。在该标准中，委托人被警告不要向律师透露任何证明为令律师为难以及会妨碍律师全力以赴地提交证据和交叉询问的信息。⑤ 当然，如果这就是我们想要的结果的话，那么律师以一种直截了当且毫不隐讳的方式来对待其委托人可能要好得多，告诉他们不要那么开诚布公，而不是通过一个律师没打算遵守的信托合同来欺骗其委托人。因此，当我们在制度体系背景下来研究这一问题的时候，我们会得出结论，在那起强奸案中支持对女原告进行交叉询问这一点上，伯格首席大法官是正确的，尽管理由是错误的。

但是，那起强奸案显然是一起难得多的案件，因为对女原告所造成的伤害要远比在街道抢劫案中对那位热心公益且诚实可信的证人的有限羞辱要严重得多。而且，在强奸案中，律师是依据一条显然不合理的规则来行事的，这就是允许被告辩护说女原告是那种与陌生人都会发生性关系的人，因为她曾经与两位她在完全不同社会环境下认识的男性发生过性关系。然而，不管合理与否，在那些不贞之辩护依然是法律的管辖区内，律师就有义务为了委托人的利益而提出这样的辩护。⑥ 对于那些发现在强奸案中提交此类或其他辩护已超出他所能赞同

---

⑤ *See*, pp. 35-36 *supra*.

⑥ DR 7-101 (A) (1).

的范围的律师来说，应该采取两种行为：其一就是积极努力地改革这方面的法律；其二是以该利益冲突会对被告获得有效代理协助的宪法权利造成妨碍为由（一个强有力的个人观点）⑦，拒绝受理强奸案的辩护。

---

⑦ DR 5-101（A）；EC 5-1，5-2.

5

一名律师真正“知道”什么：法律职业伦理的认识论

前面各章的讨论涉及一名律师在明知委托人犯罪的情况下该当何为，这样一个讨论已经设置了一个尚未受到完全检验的前提。这就是，律师究竟是不是“真的知道”委托人犯罪了？假如不是的话，那么任何基于“知道”假设之上的法律职业伦理探讨都没有实际意义。因此，在 1966 年面向一群法学院学生的一个演讲中，爱德华·班尼特·威廉姆斯（Edward Bennett Williams）宣称通过声称“我从不知道委托人是否犯罪”而未曾遭遇过与提交伪证有关的伦理困境。另一方面，威廉姆斯先生的前同事随后评论道：“我当时就在那里。相信我，你知道的。”

关于律师所能知道的有关一个案件的情况，有三句常被引用的名言，其中两句是萨缪尔·约翰逊（Samuel Johnson）说的，另外一句则是由巴伦·布拉姆维尔（Baron Bramwell）所说。为了回应博斯维尔（Boswell）的问题：“但是，对于你明知不利（bad）的案件，你会考虑什么来支持该案件？”约翰逊博士的回答是：“先生，在法官作出判决之前，你并不知道该案件是有利的还是不利的。”① 与此相似，巴伦·布拉姆维尔写道：“一个人的权利应该由法庭来裁定，而不是其律师或法律顾问。由于对这一点的忽视，愚蠢的人常常会抱怨那些为与其自身看法不符的案子辩护的律师。委托人有权这样对其律师说：‘我需要的是你的辩护，而不是你的裁判；我更喜欢法庭的裁判。’”② 而约翰逊博士又说道：“律师与他所承办案件的正义与非正义毫不相干，除非他的委托人要求他对此发表意见，这样他才有义务忠实地提供。案件的正义与非正义是由法官来裁判的……律师并不想将他所知道的说成谎言，他也不想将他所知道的弄成一个虚假的行为，此外他也不想篡夺陪审团和法官的职权并裁判证据的效力应当如何……如果律师要确信案件为正义的方才承接，那么当事人的主张也许会被完全排除

① 2 J. Boswell's Life of Samuel Johnson 47 (G. B. Hill ed. 1887).

② Johnson v. Emerson, L. R. 6 Ex. 329, 367 (1987).

在审判范围之外——尽管如果经过司法调查，该主张可能会被认定为一个非常正义的主张。”③

至少有四种方式来理解这些论述。第一种是，约翰逊和布拉姆维尔主要关注某一特定案件在道德意义或者法律意义上的最终公正性，而不是由委托人所陈述的事实是否为真。也就是说，他们的关注点是关涉“好或坏”而不是“真或假”。因此，约翰逊博士说道：“律师并不想将他所知道的说成谎言……”然而，在同一句话里，他又说道：“……他也不想篡夺陪审团和法官的职权并裁判证据的效力应当如何……”不管怎么说，无论约翰逊和布拉姆维尔的目的是什么，他们的主张已经被广泛采纳于律师已经了解犯罪事实的情况下，而不是在律师仅仅对法律或道德意义有某种意见的情况下。④

对律师并不知道真相这样一种观点的第二种理解是这样一种看法，即由另外一个人所传递的信息——即使是犯罪供述——对于“知道”来说是一种比确定显得弱化的基础。比方说，一位重要的英国权威人士建议律师应该牢记，当人们“可能通过曲解意见”来承认犯罪——即便他们是无辜的——的时候，则该案件已被明知为发生。人们可能也会“因为声名狼藉的风险”或者因为“他们相信他们正在保护其他人”而招供。⑤ 如果一个人作出了这样的投机概率控制，那么无论这种概率多么微小，则该伦理问题同样不会产生。但是，在我看来，这样一种推理在道德上是不负责任的。

假设有位委托人跑到律师那里去寻求建议。该委托人曾被一位衣衫褴褛、言语混乱且行为诡异的男人招呼进一条巷子，这位男子坚持说他家祖传有一对沉甸甸的、年代久远的纯银枝状大烛台。他愿意以 25 美元的价格卖给该委托人。当然，该

③ J. Boswell, Tour to the hebrides, Aug. 15, at 175.

④ *See*, e. g. , J. Singleton, Conduct at the Bar 31-33 (1969); D. Mellinkoff, The consenscience of a lawyer 156-57, 164 (1973).

⑤ T. Lund, A Guide to the professional conduct of solicitors 106 (1960).

委托人意识到了该烛台可能是偷的，但他并不知道这是事实，而且该男子在巷子里的确有了别的说辞。然而，该律师所提出的建议却是毫无疑问的。如果该委托人购买了该烛台的话，他将冒着被发现犯有接收赃物之罪的严重风险，即使该罪行要求明知。简言之，存在一件像“知道”法律意图的事，即便面对着相反陈述。那么，律师是不是比他们的委托人更不能去知道呢？相反，美国律师协会标准（ABA Standards）要求律师必须“知道所有其委托人所知道的”⑥。当然，在这里我们没有必要涉及法律意义上的“知道”，但在伦理责任领域，同样的理由似乎明显更为适用。的确，像知道某种道德确定性或者至少知道某种被置于道德认知的道德确定性这样的事，确实是存在的。

因此，律师并不真正知道事实是什么这样一种观点，同样可以被用来作为个人道德层面上的一种回应，特别是，可以作为对个人道德责任的一种反驳。当“水门事件”的一名主犯被一名年轻同事问道为什么大笔共和党竞选资金正被转给戈登·利迪（Gordon Liddy），他引用这句话来作为回答：“我不想知道，你也不想知道。”这样一种态度似乎还不足以满足那些尽职尽责的律师所关心的问题，这些律师无论想不想知道都会被迫承认：“我当时就在那里。相信我，你知道的。”

还有另外一种我认为更为诚实也更为有用的理解以下问题的方式：当某人说律师并不知道其委托人犯罪时，这句话的意思是什么？这种方式就是从系统而不是从个人的立场来审视这样一个问题。这样的话，当约翰逊博士说道律师“不想篡夺陪审团和法官的职权”时，我们就能理解他这样说是在以下意义上说的：根据既定程序所做的犯罪裁判与由任何特定个人所认定的犯罪事实是有所区别的。因此，约翰逊的这种看法并不是指律师无法知道真相或者指律师拒绝承认真相，而是说律师被

⑥ American Bar Association , Standards Relating to the Defense Function 145.

告知：“你，个人，或许对真相了如指掌。但你个人所了解的情况是不相干的。就你作为辩护律师（以及，如果你愿意，作为法庭职员）身份来说，你被禁止像你作为个人所愿意做的那样去对待你个人所了解到的情况，因为如果律师这么做了，则对抗制就无法恰当地运行了。”

尽管不无保留，我还是倾向于相信这应该是对以下问题的一个准确回答：当我们谈及律师是否知道以及律师知道什么时，我们的意思是什么或者我们的意思应该是什么。如果这一点是正确的话，那么直截了当地这么说至少有两个好处。首先，我们可以避免“知道”这一概念里所隐含的多种不同含义所带来的诸多困扰和谬论。其次，我们可以开始集中关注系统视角能否适用于所有情形。比方说，这一视角在是否接受某一委托人和当委托人受到偏见或者被请求一种无效判决时是否应该从案件中退出这两个问题中能否平等地使用？这一视角能否平等地适用于与委托人作伪证有关的认知和与其他证人作伪证有关的认知？能否平等地适用于民事和刑事案件？这些问题的答案似乎应该是否定的。律师不应该因为任何理由而拒绝委托人，这其中包括对诚实的单纯怀疑（除非处于某种极端并且几乎不可能发生的情况下，委托人方能被置于无法得到任何律师帮助的境地）。同样，根据是委托人作伪证还是其他证人作伪证、是民事案件还是刑事案件等差别，律师的责任也将各不相同，可能是宪法性的，也可能是其他责任。正如本书第三章中所解释的，一旦委托人坚持提交伪证，那么为实际理由和宪法要求所限，刑事辩护律师必须提交该证据并为该证据辩护。而在两个私人当事人间所进行的民事程序中，实际情况和宪法背景是截然不同的。因此，对同一问题应该有不同的答案。

但是，让我坦率地承认吧，我并不打算精确地说出应该把这些界线画在哪个地方以及怎么画，我也不认为在没有对众多在所有执业领域都有经验的有思想的律师的诸多情境进行仔细分析的情况下，这一任务是可以完成的。除此之外，一旦判决决定在某些确定的情形中，律师应该根据他所了解的犯罪事实来行事（通过撤出代理、通过告诉另一方当事人、通过告诉法庭、通过告诉检控方等），那么进一步的问题将被特别地集中，比方说，知道的标准是否应该被置于确定性还是排除合理怀疑的相信、清楚和令人信服的证据等。还有，如果律师被要求在某些情形下根据其所知道的来行事，根据纪律处分的罚则，律师的判断标准应该是主观的还是客观的？

因为在数个世纪中已经无法以系统话语（systemic terms）的方式来处理这些问题，所以，我们目前的职业责任规则在处理这些根本性困难方面缺乏任何融贯的模式。因此，我们没有规则直接说存在数种情形——在这些情形之下，律师虽然知道真相却被禁止像那些有着良好意识的个人一样去遵照所知道的去行事。相反，倒是有数条规则力图要求律师在这些情形下以与辩护角色不相一致的方式来行事，但这些规定随后以一种严格的方式界定了“知道”所代表的含义，通过这种界定将确保这类情形永远不会被提出。英国权威人士主张在存在一个如此“清楚的供述”以致律师“真的不可抑制地”被一个有罪结论所“驱使”的时候，应该禁止律师出示无罪证据已经提供了一个例证。然而，由于即使这样一个供认也不会被视为足以构成知道，因而这样的极端情形不可能被提出来，这是因为，人们有时候会因为恶名昭著或者为保护其他人而作出供认。同一位权威还认为，当委托人已经给出“可能一整套相互抵触的供述时”，一名律师没有理由得出有罪的结论。这种诡辩的当然结果是与这样一种说法相同的，即一名刑事辩护律师应该进行委托人所需要的任何事实性辩护，即便该律师有理由确信该证据是假的。

与此相似，我们已经探讨了 ABA 标准的 7.7 条款所提出的建议，即律师不得出示由委托人所提供的伪证，却必须允许委托人仅仅以叙事（narrative）的方式来提供证言，而且要避免向陪审团为被告所主张的事实进行辩护。⑦ 然而，这种情形是以两种结果为条件的。第一，被告必须已经承认了成立有罪之事实。第二，律师必须已经确定被告的这种承认根据一种“独立调查”来说是真实的，这就意味着，律师必须完全不受因被告承认而产生的任何诱导的干扰而去获取补强性证据。至少，ABA标准小心翼翼的措辞招致了那样一种解释，因为最高法院已经指出⑧，允许使用那些直接或间接产生于侵犯被告之宪法权利的侵害行为的证据将同“伦理标准不相一致”；只有当此类证据毫无瑕疵地来源于某一种“独立来源”的时候，方能被采用。* 然而，考虑到要满足第二项要求的困难，几乎不可能有律师会真的去采用7.7条款所提出的虚伪借口。**

尽管《职业责任守则》并未不切实际地采取狭义的知道（knowing），那些要求将某一形式的明知作为行为的一种标准的众多规定却展现了随意起草中所隐含的每一种意思，与此同时，没有作出丝毫有意识的努力去分析和衡量这个或那个条款中的不同标准。一个纯粹主观的标准至少有六次被得以采用，包括用于与提出无担保权利主张⑨、无法作出法律所要求的开

---

* ABA标准的4.1条款是关于调查义务的，该条款提到了进行“有效的调查”和“完整的调查”的义务，而只有7.7条款提到了“独立调查”。*See*, ABA Standards, at 225-28.

** 这一点令人想起了圣经上有关顽固且叛逆的孩子的戒律，他会在城市诸门被唾弃并被投石而死。*Deuteronomy* 21：18. 但是，希伯来评注（rabbinical commentaries）却规定，为了让法律得以施行，该孩子年龄必须在十三岁零一天至十三岁零三个月之间。此外，由于父母亲将会通过说“他与我们的声音不相一致”来谴责他，这取决于他的父母必然彼此在声音、姿势和面部特征上毫无差别。*Sanhedrin* 53a, 68b-72a; *cf.*, *The Code of Maimonides*, *Book* 14, *The Book of Judges*, at 157-61 (A. M. Hershman transl. 1949). 因此。“从来不曾有过一个‘顽固且叛逆’的孩子，也永远不会有”。犹太学者们（rabbis）会问那时候为什么会写出这样的法律？希伯来人的回答是：“那样你可以学习它并［在学习的行为中］获得报酬”——这可能是也可能不是将类似的诡辩整合成与辩护功能有关的诸多标准的完全理由。

⑦ *See*, pp. 36-38 *supra*.

⑧ *See*, Nardone v. United States, 308 U.S. 338, 340, 60 S. Ct. 266, 84 L. Ed. 307, 311 (1939); Silverthorne Lumber Co. v. United States, 251 U.S. 385, 392, 40 S. Ct. 182, 64 L. Ed. 319, 321-22 (1920).

⑨ DR 7-102 (A) (2).

示⑩、使用伪证⑪、参与伪证的提交⑫、协助非法或者欺诈性行为⑬，以及亲自作出虚假供述⑭等行为相关的规则中。当然，纪律行为很少——如果有的话——被采用于明知的主观标准上。

在《职业责任守则》中，对某一主观标准至少还存在四种变体。最容易遇见的似乎在这样一条规范当中：当某一律师收到信息“清楚地证实”其委托人或其他证人撒了谎，则该律师必须披露该谎言。⑮ 这一允许律师披露某一委托人犯罪意图的规定丝毫没有表明认知的标准，但所附的一个脚注指出，只有当律师掌握事实“排除合理怀疑”地表明即将实施某一犯罪时，该律师才有义务报告该委托人的犯罪意图。⑯ 第三个主观标准则在下列条款中被发现：当律师知道或者“应该知道”证据为虚假的、欺骗性的或者伪造的时候，他/她不应该提交该证据。⑰ “应该知道”这一标准是模糊的，因此可以被认为是最容易满足的，但附随的脚注援引了 *In re Carroll*⑱，在该案中，律师无疑已知委托人的证言是不准确的，因为该律师正在代理另外一起案件，在那个案件中该委托人就同一事实采取了一种截然相反的立场。由此观之，一个律师“应该知道”什么的裁量余地似乎相当有限。最后，在一些例子中，守则将“显然的”一词用作律师一定会遵照执行的一个标准。该标准可以在那些应对诸如下列情形的规范中找到：仅仅为了干扰对方而提出一项主张⑲，在没有合理理由的情况下对一起刑事案件提

⑩ DR 7-102 (A) (3).
⑪ DR 7-102 (A) (4).
⑫ EC 7-26.
⑬ DR 7-102 (A) (7).
⑭ DR 7-102 (A) (5).
⑮ DR 7-102 (B).
⑯ DR 4-101 (C) (3), and n. 16.
⑰ EC 7-26.
⑱ 244 S. W. 2d 474 (Ky. Ct. App. 1951).
⑲ DR 2-110 (B) (1); 7-102 (A) (1); 2-109.

起公诉[20]，捏造或保存虚假证据[21]，甚至再继续一起案件将会导致其他执业纪律规则的违反等情况。[22]

无论这些不同的标准适用在这些未分化的情形中有着什么样的含义，有一点是相当清楚的：法典制定者们并未作出什么努力来区分民事案件与刑事案件（在这类案件中可能承担更多的宪法权利）或者区分不同类型的待决行为（比如，不愿意遵照委托人的决定去作伪证，捏造或保存虚假证据，帮助实施非法行为或者自己作出一个虚假表述）。即便某人反对本章先前所提出的建议——在有些情形下律师必须在忽略某一确定性认知的情况下前行——但似乎清楚的是，在守则中必须为这样一些情境设定某种更为理性的模式，在这些情境中，将以律师“知道”为基础来设定特殊的行为要求。

概言之，一个律师“永远不知道委托人是有罪的”这样一个表述至少可以有三种不同的方式来理解其意思。第一，它的意思可能是指在认识论意义上认知从本质上说总是不确定的。不过，这并未预设我们将欣然接受我们在法律规则或伦理规则的表述中的其他含义。第二，它也可能被理解为在个人层面上对道德责任的一种拒斥：“我不知道，因为我不想知道。”第三，它也可能被理解为一种系统的回应。在对抗制中，辩护律师的角色或者功能并不是按照像有罪或无罪这样的最终事实结论来行事。这项功能被分配给法官或陪审团，他们以对抗双方所提出的委托人的案由为基础来作出裁判。因此，有罪或无罪的事实与已经分配给辩护律师的角色无关。至少在刑事诉讼的语境中，律师被要求通过对被告人的宪法权利和实际条件的考量来提交委托人的伪证并为其辩护——如果委托人坚持这么干的话。[23]

---

[20] DR7-103（A）.

[21] DR7-102（A）（6）.

[22] DR2-110（B）（2）.

[23] *See*, Chapter 3 *supra*.

尽管ABA标准似乎拒绝了这一结论，但从实际目的来说，它们得出了相同的结果，通过设定一个虚伪的检验标准来决定律师什么时候“知道”。律师因此被置于需承担一种貌似显而易见但实际上却不存在的违反当事人信任的义务。《职业责任守则》通过以一种模糊的和无区别的方式来使用“知道”概念，例证了传统进路的不可欲的一面。一个结果是，在对民事诉讼和刑事诉讼、对可能不适当的不同类型行为进行可能的区分的时候，守则没有给我们任何重要的指引。

6

向委托人提供建议：刷新记忆抑或鼓励伪证

当数年前我第一次试图分析职业责任问题的时候，我就提出在审前会见委托人并向其提供建议的问题也许是最为困难的。① 在接下来的数年中，随着对法律职业伦理问题的进一步思考并和其他人共同探讨此类问题，我越来越确信这个问题的确是最难的，并且对我原来对这一问题的解答日渐不满。毫无疑问，律师的主要作用之一便是向委托人提供有关法律的建议，并且该建议必须包含对案件关涉哪些事实以及为什么会关涉这些事实的一个理解。但是，在什么时候——如果有的话——这种行为对于发挥这项作用的律师而言会因为委托人可能将法律建议用于非法目的而变得不甚恰当呢？

本章一个特别的关注点便是有关提供那些会诱导当事人实施伪证行为的建议。然而，这不过是与法律建议相关的一个更为宏大的问题的一个侧面而已。因此，从这一问题的更为一般化的层面来作为开端也许是有用的。比如说，假设某位律师担任了一家靠近州边界的家用电器商店的年度法律顾问。该委托人星期天都不营业，因为有一部州蓝色法规（Blue Law）* 禁止它星期天开业。然而，在不到一公里之外，在临州，有几个打折商店在周末营业。结果，该委托人因销售额急剧下降而深受其害。因此，该委托人向该律师询问，如果他星期天依然开业，那么会受到什么样的惩罚。该律师对这一问题作了研究并告知委托人说，规定的处罚是每违反一次罚款 25 美元，并且州最高法院将“违反”解释成是指做生意的每一天而不是指所做的每一次销售。该委托人遂在星期天也正常营业，日复一日，尽管众所周知其行为的性质，但该委托人并未受到起诉甚

* 蓝色法规：管制星期日活动的法律，如管制零售店售卖活动的法律。原来是美国殖民时期的清教徒所订的法律，禁止在星期天跳舞、喝酒等，以后转用为有关个人行为的严格规定，如禁止公务员涉足酒家、舞厅、夜总会，或不该接受款宴等。——译者注

① Freedman, *Professional Responsibility of the Criminal Defense Lawyer: The Three Hardest Questions*, 64 Mich. L. Rev. 1469, 1478 (1966).

至也未曾被要求支付罚金。

那么，很显然，委托人已经将该律师的法律建议作为决定违反法律的基础。律师是不是本来就应该拒绝回答委托人的问题？或者，在回答这一问题后，当律师看到委托人将该法律建议运用于非法目的时是否应该中止该顾问关系？

即便委托人了解被适用的法律的唯一兴趣与一个可能的违法决定相关，宽泛地规定律师不得告知委托人某一公共法令或者州最高法院的相关判决规定了什么似乎是荒谬可笑的。一位经验老到受人敬重的律师——目前是跻身于我们一家一流法学院教师之列——说，如果被某一委托人问到西半球哪个国家与美国没有引渡协议，他将会如实回答。“在那种情形之下”，他说，“我不过是一本法律书而已”。而同一法学院的另一成员则不同意这一点，说他将拒绝提供该信息，但他又加了一句说他也不认为禁止律师这么做是恰当的；确切地说，他说，这应该是一个留给每一位律师进行个人判断的问题。

《职业责任守则》在这一问题上含混不清。守则规定，律师“不得……在其明知为非法的行为中为其委托人提供咨询或帮助……”② 但是，该守则还规定，当该委托人“寻求从事一种非法行动的过程时”③，律师从该案件中退出是“许可性的”而不是“强制性的”。因此，“咨询或帮助”这些词似乎是指在委托人非法行为中的一种积极参与，而不仅仅是提供有关法律的建议。* 此外，由于退出是许可性的，该守则就在所有的案件中将裁断权留给了每位律师的个人判断。

在蓝色法规案件中甚至在涉及非法引渡的那个案件中，这

---

* 比较一下勒尼德·汉德法官的判决，该判决解释了一条与帮助和教唆犯罪相关的法律：“他并未进行某一普通的法律行动，当他知道其他人会拿该行动的结果做非法用途的时候，但这是不够的；在某种意义上，他还必须承诺拿自己来冒险，将它看作自己的事情，与它的结果利害攸关。”United States v. Falcone，109 F. 2d 579（2d Cir. 1940），*aff'd*，311 U. S. 205，61 S. Ct. 204，85 L. Ed. 129（1940）.

② DR 7-102（A）（7）.

③ DR 2-110（C）（1）（b）.

似乎都是一种令人满意的处置方式。但是，在其他一些情境下，这种解决方法似乎就不那么恰当了。比方说，当律师被问道下列问题时该当如何：在持枪抢劫银行的过程中，如果使用自动机械武器所受到的惩罚是不是要大得多，或者在一起拐卖儿童的案件中，如果该儿童并未被运输跨越州界线，那么联邦的惩罚是不是能得以避免？在这些案件中，“我是一本法律书”这样一个回答并不能令人满意。然而，不幸的是，该守则在蓝色法规案和拐卖儿童案之间并未作出界分。事实上，正如我们先前所看到的，该守则在有关律师应该退出还是履行揭露委托人的犯罪意图的义务方面同样也是含糊其辞的；该守则仅仅将这一问题留给律师个人来自由决定，而没有提出任何作出决定的标准。④ 在这里，我再次认为，应该根据违法的严重程度来作出区分，并且在某些情形——至少是那些与对某人的暴力相关或者其他涉及道德败坏的违法行为——下，律师应当被禁止给出法律建议。但是，在另外一个极端，我将会同意守则的做法，在像蓝色法规案和引渡案这样的情形下，应当让律师个人来作出决定。在这两种情形下，都不存在通常意义上的受害人。*

该守则在有关律师是否应该给予委托人那些可能诱导其实施伪证的法律建议方面规定，当一名律师明知某项证据是虚假的或者该证据显而易见是虚假的时候，不得“参与到该证据的创造过程中”⑤。然而，在这里，参与的程度再度不甚清楚。比如说，一位身处一起无争议离婚案件之中的委托人询问某位律师，哪个州提供最为快速的离婚，还有在每个司法辖区中要提交什么样的证据才能获准离婚，这时律师该怎么办？守则制定者不可能意图禁止律师去解释住所的要求，即便该律师应该“知道”（或者，至少，对我而言足够“明显”）该委托人是因

---

* 而且，在引渡案中，该委托人也许犯了某项罪行，但他也承担了自我设置的流放惩罚。

④ DR 4-101（C）（3）. *See*, p. 6 *supra*.

⑤ DR 7-102（A）（6）.

为某项制裁而不是因为要永久居住而购买房屋。* 因此，我将再次得出结论说，该守则的意图是禁止律师积极参与到伪证的制作过程中，而不是简单禁止给出相关法律建议。然而，很清楚的是，这样一个具有根本性的且非常普遍的问题不应该留给源自含混不清之标准的不确定推论。

事实上，引发伪证的一般性问题比该守则中认可的肤浅论述所承认的要复杂得多。正如本章一开始所指出的，对于执业律师而言，最为困难的领域也许是涉及审前对委托人或者其他证人的询问和建议。从大而化之的角度而言，律师被要求做什么应该说是清楚的。但是，在具体情境中，无论在实践层面还是在伦理层面，都几乎没有什么指引。

让我们从考察对律师的建议作用的那些似乎毫无争议的侧面开始。有三部公开发表的作品对这样一个目的特别有用，因为它们已经被选为《证据法和裁判文选》（SELECTED WRITINGS ON THE LAW OF EVIDENCE AND TRAIL）的前三篇。⑥ 这本书是在美国法学院协会的资助下由一个由全国最重要的证据法权威组成的编辑委员会编撰而成的。其目的在于将有关证据法的“最好的法律思想”汇集在一卷当中，以便“使法律职业受益并且对法学学生和老师有所帮助……”⑦可以公平地说，分别由罗伊德·鲍尔·史特赖克（Lloyd Paul Stryker）、哈里·波丁（Harry Bodin）和爱德华·W. 克里瑞

* 比较一下下述情形：律师 A 的一位老年委托人在一场严重的心脏病发作之后很快决定将一笔巨大的财产赠送给他的儿子。A 向该当事人建议，提出证据来证明该赠送并不是在对死亡有所预感的时候作出而是有生之年的想法，这样可以避免支付高额的税费。

这个案例被一项针对律师伦理行为的研究用于前期预测当中。但是，该案件并未被留作最终的考察，因为该律师的行为被那些视为合乎伦理的律师们所广泛赞成。（J. E. Carlin, Lawyer's Ethics: A Study of the New York City Bar 46 (1966). 对该书的一个批评性评论，*See*, Freedman, Book Review, 16 Am. U. L. Rev. 177 (1966).）尽管在税务律师中多数意见认为律师 A 的行为是恰当的，但律师 A 的行为似乎相当明确地牵涉到一定程度的对制造虚假证据的积极参与，这将构成对 DR 7-102（A）（6）的违反。

⑥ Selected Writings on the Law of Evidence and Trial (W. Fryer ed. 1957) [hereinafter cited as Fryer].

⑦ Id. at v.

(Edward W. Cleary)[8] 撰写的这三篇作品，代表着那些在有关为裁判而对证人进行询问和准备之恰当方式问题上享有最高威望的权威们的共识。

在与一些非律师人士讨论的过程中，我惊诧地发现，以下这种想法是多么普遍：律师在审前为证人做准备工作或者对其进行指导是不恰当的。当然，实践中的规则恰恰是相反的。正如克里瑞教授所说的："没有一位称职的律师会设想传唤那些事先未经询问的证人出庭。"[9] 律师必须尽可能地引导说出所有相关的事实并且帮助委托人——通常不善表达——尽可能有说服力地去整理和表达他/她的案情。比方说，一位没受过多少教育的散工（day laborer）受伤了，而且他只会说"我伤得很厉害"，那么，他就必须被帮助去表达所受到的伤害像什么、什么时候受伤以及这一伤害对工作、睡觉、家庭生活以及娱乐造成什么样的影响。此外，"我在工作的时候伤了我自己"这样的陈述将是不够的。相关的细节必须通过技巧性询问引导出来，而且证人在那时被充分地排练以确保在庭审过程——在这一场合，诱导性询问将是不允许的——的证言中不会忽略重要的证据。

在对委托人的询问技巧进行讨论的过程中，波丁先生指出，让委托人讲述他/她的故事而律师只是倾听通常是恰当的。如果律师坚持对一些特定的问题获得最恰当的一些答案，那么有些要点或许会被遮蔽掉，因为律师不可能预见到每一个案件的所有事实。[10] 在以一种叙述的方式获得委托人的故事之后，律师接下来就应该去找寻那些有可能已经被忽略的其他事实。这可以通过问问题和向委托人解释这些其他事实对案件可能多么重要来完成。"如果委托人可以被要求去理解你的想法，那

---

⑧ L. P. Stryker, The Art of Advocacy (1954); H. S. Bodin, Marshalling the Evidence (1954); Cleary, *Evidence as a Problem in Communicating*, 5 Vand. L. Rev. 275 (1952).

⑨ Cleary, *supra* note 8, as quoted in Fryer, at 30.

⑩ Bodin, *supra* note 8, as quoted in Fryer, at 13.

么他也许会告诉你那些被他当作无关紧要而无心地忽略或者有所意识但却错误地丢弃的事实。”⑪ 与此同时，大家已经认识到，委托人的叙述将会受到一种“下意识的压力，在心理上不由自主地受到要给人留下好印象这样一种愿望或者将人们不喜欢记起来的那些东西遗忘掉的那种惯性所影响”⑫。也就是说，人们将心怀美好愿望把过去的事件以一种他们所确信的（无论是对的还是错的）与他们自身利益相一致的方式联系起来。因此，在向委托人逼取（pressing）额外信息以及对该信息的相关性和重要性进行解释的过程当中，律师必然会影响到最终的证词。正如克里瑞教授所强调的，尽管在真正的作证过程中向某一位证人暗示或提示一个答案是不恰当的，但这种会见却“在审判之前以一种完全的语言形式充斥着各种暗示……与情境再现，其重要性不宜被视而不见”⑬。

当然，准备或训练证人的过程已经远远超出了初步引出事实的范围。在对委托人证言加以润色的过程中，史特赖克先生建议对主询问和反询问进行多达 50 次的排练。在这些排练的过程中，证言被通过形形色色的方式得以发展。该证人首先被有力地进行反询问，然后律师会指出证人在哪些地方“犯错”了，进而指出证言应该被如何加以重构以避免这样一个结果。该律师也可能会扮演证人的角色，然后让自己接受一位助理的反询问。该律师在模仿证言的过程中所存在的“疏漏”将在其后加以讨论，然后该律师会对助理进行一次模拟反询问。通过这样一种方式，“新的想法就产生了，尽管委托人在所有的时间里都仅仅在看和听。他也许会说‘让我再试一次吧’。然后你可能将整个过程再过一遍。在那之后，正如人们可以预料到的，委托人的‘表现好多了’”⑭。事实上，在许多周的准备之

---

⑪ *Id*.

⑫ *Id*. at 14.

⑬ Cleary, *supra* note 8, as quoted in Fryer at 30.

⑭ Stryker, *supra* note 8, as quoted in Fryer at 4.

后，“也许正是在审判前夕”，委托人也许会提出一个“足以使胜败发生反转的”的新事实。⑮

在为证人准备的那三种选择中，没有一种对其所提出的模范做法的伦理含义作出任何分析。史特赖克先生的确说过，在反复地越过“困难节点”和“尴尬境地”的过程中，在表明委托人如何“克服其困境”的过程中，该证人“依然坚守在真相的范围内所说均为真相，除了真相别无其他”⑯。不过，这样说并不意味着真的如此。如果人们真的对暗示作出了反应，而且如果律师通过在反复排练的过程中提出“新想法”来帮助委托人“填平鸿沟”并且避免了“犯错”，那么可以清楚的是，最终在法庭上呈现的证言将受到律师提示和委托人自我利益的深远影响。因此，最终结果是否还是“坚守在真相的范围内所说均为真相，除了真相别无其他”，必将受到严重的质疑。

事实上，人们会发现在这三种选择当中，对于证言准备的伦理意蕴存在一种令人诧异的漠视。难以相信一位有着如史特赖克先生那样的经验和老练的人会没有意识到建议的影响——这一点在克里瑞的文章中得到了承认。与此相似，克里瑞自己仅仅关注如何对证据规则——而非法律伦理规则——加以改革，以便将他所讨论的心理学现实考虑进去。波丁也承认存在一种“心理引诱”的倾向，人们会以一种暗合其利益的方式来记忆或遗忘。他讨论了这一事实对于律师来说有多么重要，因为它使委托人意识到那些也许已经被遗漏在其原初叙事之外的信息的重要性和意义。不过，当他在讨论这些的时候，他忽略了这一事实的伦理意蕴。

除此之外，波丁的文章（与克里瑞的文章不同）反映了在法律职业内部对有关记忆心理学知识的普遍忽视。比如说，波丁这样说道：“富有经验的庭审律师已经知道，即便是一位诚实而又理性的委托人也难免会隐瞒（*supress*）事实，而不会创

---

⑮ *Id.* at 3.

⑯ *Id.* at 3.

造（*invent*）‘事实’。”[17] 不过，心理学家所做的实验已经表明，这些经验老到的庭审律师（无论他是谁）是错的：创造并不见得少于隐瞒。波丁也写道：“在任何诉讼中，首要之事在于事实——精确的事实和全部的事实。”[18] 他进而解释律师如何通过“细致的询问”来探索委托人的记忆，从而力求引导出“所有的重要事实”[19]。波丁似乎并未意识到，获得“所有事实”的努力实际上将注定导致获得某些全然不同于“精确事实”的东西。

有关记忆的最常见误解之一就是，它是一个对印象加以回忆或复制的过程，与一个留声机唱片或录音机磁带的作用非常类似——“对客观事实感知所留下的心理印迹”，有别于一种“主观的建构”[20]。在这一方面，几个世纪以来，法律思维一直都非常落伍，仿佛行为心理学中那些高度相关的实验从未发生过一般。圣奥古斯丁提到“记忆的巨大港口”，从这个地方“当有需要的时候，经验便会被复制并重新回归”。因此，经验“被储存在记忆当中……在手边随时准备好以待思想的召唤”。（Confessions，Book X，Ch. 8）与此类似，约翰·洛克在其《人类理解论》一书的第一版中将记忆称为“我们思想的仓库”。大卫·休谟之所以将记忆与想象区分开来，部分原因就在于“记忆是处于一种锚定（tie down）习惯当中……没有任何力量会使其飘摇”（TREATISE OF HUMAN NATURE，BOOK Ⅰ，Part Ⅰ，Section Ⅲ.）[21]。

事实上，感知并不仅仅是“刺激的被动接受”，而记忆也不是“对因此而形成的定式的简单再现”，仿佛它们是“无生

---

⑰ Bodin, *supra* note 8, as quoted in Fryer, at 13 (emphasis in the orginal).

⑱ *Id*. (emphasis in the original).

⑲ *Id*. at 13-14.

⑳ *See*, E. Morgan, J. Maguire, & J. Weinstein, Cases and Materials on Evidence 230 (3d ed. 1951).

㉑ The quotations from St. Augustine, John Locke, and David Hume are found in D. Locke, Memory (1971).

命的、固化的且无法改变的记忆痕迹”一般。㉒ 确切地说，记忆更多的是一个重构的过程，而非回忆或召回的过程。而且，这一过程是一个具有高度创造性的过程，对“记住”什么产生影响的那些东西同样会影响到“忘记”什么。

因此，与波丁的主张相反㉓，一位诚实而又理性的委托人将会像隐瞒事实那样去创造事实。的确，即便在记忆过程开始之前，哪些东西会进入所谓的“思想的仓库”也会受到观察者的个性和先前经历的深远影响。正如 F.C. 巴特莱特（F.C. Bartlett）——他也许是研究记忆的最重要的实验心理学家——所说，“性格、兴趣和态度常常引导着这一过程并且决定着感知的内容”。除此之外，“大量的被说成是感知到的东西事实上是被推论出来的”，巴特莱特将这一过程称为“推论性建构”㉔。在经历了一个部分不甚清楚或者模糊的情境之时，一位观察者通常会“在他于先前类似情境所经历东西的帮助下，或者——尽管这很大程度上是殊途同归的——通过描述他拿来用‘契合’或适合于此一情境的东西去填平他感知中的缺口”㉕。而且，无意识重构的过程会随着时间的流逝而得以延续，也许会随着事件的逐渐远去而与日俱增。㉖

在这一过程中也并不存在任何的不诚实。“他在这样做时也许根本未曾意识到他是在增加或窜改所感知的数据。但在几乎所有的情形中，他理所当然在做第一点，而在许多情形下，他被发现是在做第二点。”㉗ “绝大多数”证言性错误是那些“平常的、普通的老实人”犯下的错误，“这些证人对这些错误

㉒ F. G. Bartlett, Remembering: A Story in Experimental and Social Psychology 33, 46 (1967) [hereinafter cited as Bartlett].

㉓ Bodin, *supra* note 8, as quoted in Fryer, at 18.

㉔ Bartlett, at 33. See also, Buckout, *Eyewitness Testimony*, Scientific American, Dec. 1974, at 23.

㉕ Moore, *Elements of Error in Testimony*, 28 Ore. L. Rev., 293, 295 (1949).

㉖ Bartlett, *supra* note 22, at 58, 63 *et seq.*, 80, 93.

㉗ Bartlett, at 14.

一无所知，而且完全是无意为之”。这样一些证言已经被描述为“主观上是准确的，但客观上是虚假的”㉘。

参议院水门听证会为我们提供了一个有关消除记忆中的情境性模糊这样一种趋势的有趣例证。约翰·迪恩（John Dean）当时正在就与赫伯特·卡姆巴克（Herbert Kalmbach）的一次会面作证。迪恩没有任何的动机就那件具体的事说谎。事实上，对他而言，尽可能准确地陈述这一事实是极其重要的。他作证说他曾在华盛顿特区的五月花宾馆的咖啡屋见到了卡姆巴克，还有他们直接上楼进了卡姆巴克在同一宾馆的房间。迪恩几次强调了这一点，通过这样一种方式来向询问者暗示，他有理由相信这次会面曾经发生过。每一次迪恩都自信满满地重申他对那一事件的回忆很清楚。最终，被发现五月花宾馆的记录表明，卡姆巴克在事发当时根本未在宾馆待过。迪恩仍然强调这件事的确曾发生过，并提出一个不太可能的情况即卡姆巴克当时使用的是一个化名。当有人发现在华盛顿的斯塔特勒·希尔顿宾馆有一家五月花油炸圈咖啡馆——而且，卡姆巴克被发现在那天曾用他自己的名字在那里登记过，这种困难才被澄清。因此，迪恩的故事基本被确认了。虽然并未认识到这一点，但迪恩确实已经通过信心满满的“回忆起”错误的宾馆，而且臆造了卡姆巴克使用了一个化名这一事实来不那么准确地解决了由于两个名字重合所带来的模糊之处，尽管事实上他有着十足的动机去准确地报告这些细节，结果却差点由于他的无心之过而备受怀疑。

正如巴特莱特所总结的，记忆“并非无数固定的、无生命且碎片化痕迹的再度激发（reexcitation）”。毋宁说，它是“一种想象性的重构或建构”“这种重构或建构源自我们与被组织化的、积极的先前反应或经历整体的态度的关系”㉙。而且，

㉘　Gardner，*The Perception and Memory of Witnesses*，18 Cornell L. Q. 391（1993）（emphasis in the orginal）.

㉙　Bartlett，at 213.

因为记忆“会快速受到无意识转型的影响”，因而“精准的回忆只是例外而非常态”。这种说法是正确的，即便当材料被安排在一个很短的序列当中，总量很小、客体结构简单并且还假定观察者已经知道他/她知道以后会被要求对其进行描述。[30]因此，在“表面上事实性报告”的某些部分当中，我们肯定可以发现“细节当中有一大部分是不准确的，即便最大的确定性和最良好的愿望已呈现出来”[31]。塔兰德（Talland）教授写道：“被袭击的受害者在作为描述他们的加害者的目击证人这一点上，是出了名的不靠谱，但对于那些站在安全处境中观察的旁观者来说，他们同样也是如此。”一件事无须激起情绪性回应才会在回忆中被“表达得错漏百出”[32]。

发问当然是会见证人还有为证人做庭审准备的一个核心部分。因此，特别值得注意的是，问题——哪怕是“简单明了的事实问题”——在将“细节进口”引入记忆的过程当中起着非常重要的作用[33]，而当诱导性问题被有意用于诱导错误的时候，其获得成功的可能性高到惊人的程度。[34]伊丽莎白·洛芙托斯（Elizabeth Loftus）最近做的一个实验表明，证人对某一次事故中某一相关车辆速度的估算，将会随着提问者在描述力度所使用动词的不同而发生变化：“猛冲”（40.8 英里/小时）、“撞击”（39.3 英里/小时）、“撞到”（38.1 英里/小时）、“碰上”（34 英里/小时）以及“擦到”（31.8 英里/小时）。此外，当提问者用“猛冲”代替“碰上”一词之后，有两倍的目击者报告说在地上看到了根本不存在的碎玻璃。洛芙托斯博士总结说，“记忆”作为所问问题类型的一个结果“本身在经历着一个变化”[35]。

---

[30] *Id.*

[31] G. A. Talland, Disorders of Memory and Learning 18-19 (1969).

[32] *Id.*

[33] Bartlett, at 58; Talland, *supra* note 31, at 19.

[34] *See*, Gardner, *supra* note 28, at 403.

[35] E. Loftus, in Psychology Today, Dec. 1974, at 117, 119.

而且，记忆（从一般层面来看）和对问题的回答（在具体层面上）将会受到“偏向性心理学反应”的影响，也就是说，记忆重构具有“由一种利益本质所具有的积极主观偏见强烈决定”所带来的一种自然而诚实的倾向。㊱ 的确，奖惩的无意识影响即便在感知层面——记忆尚未开始之前——也都被观察到了。比方说，在一个实验当中，首先让一组人事先看了不同的点数，然后让他们去估算这个点数的大小。一旦估算正确，他们将根据估算的数字按比例获得奖赏，但一旦估算错误，他们也将因此受到惩罚。经过二十次以上的实验，那一组的人倾向于产生更多的过高估算，相比于另外一组观察者——他们会因为正确的回答而获得奖赏，但不用去考虑估算的数值——所做的来说。不过，当过高估算并不被证明可以有效地获得奖励之后，过高估算就完全消失了。㊲

记忆的另外一个重要层面在于，“当证人事实上本应在陈述时小心谨慎和躲躲闪闪的时候，他却积极准备且自信满满”㊳。在一场由巴特莱特所进行的、与回忆脸有关的实验当中，在被试组当中，那些比起组里其他人无意识地创造更多细节的人“全程自信满满”。在另外一个例子——巴特莱特常常将其作为某一叙事显而易见的建构性记忆的一个显著例证——当中，他指出：“确切地说，他所加以创造之处，主题绝大多数都是最为快乐也最为确定的。”㊴ 而且，当我们的“回想”是因为内心的“可视化图像”所引起的时，“可视化图像”表面的背后是“完全出自那种达到任何客观准确性都可以得到确保这样一个命题”的自信。㊵

总结一下，记忆的过程并非一个依赖于“记忆轨迹”的过

㊱ Bartlett, at 38, 191.

㊲ M. D. Vernon, The Psychology of Perception 206-07 (1962).

㊳ Talland, *supra* note 31, at 19.

㊴ *Id.* at 78.

㊵ *Id.* at 60.

程——可以被回流，就仿佛将一个唱针放入一架留声机唱片的沟槽中一般。确切地说，这一过程是一个积极的、创造性的重构，其从感知那一刻便已经开始。这样一个重构性过程将会受到所提问题的形式以及我们所理解自己的利益所在的深远影响——即便是在一个自觉的层面上，我们尽可能老实地来加以回答时也是如此。

这些结论看起来似乎暗示那些认真负责的律师应该避免给委托人或其他证人一个关于什么东西是相关的且重要的认识，还有，应该仅仅依赖于那些叙述性事实——他们无须寻求诱导出关键性事实的问题协助。不过，任何进行过会见的人都很快会意识到这样一个设计是不切实际的。在没有大量指导下，无法期望一个未经训练且可能是不善言辞的人能够将所有相关的都关联起来。这就是为什么说律师最为重要的功能之一是提供一个有关什么是法律上相关的意识。而且，同样也有心理学权威支持提示的必要性，这样可以最大化回想。提示所能做的便是引起承认，这个过程不像回忆那么复杂。[41] 比如说，巴特莱特写道，在一系列实验当中，“作为一个规则，在那些能够被确认的材料中只有相对一小部分能够被回想起来”[42]。另外一位权威学者则有着类似的观察：在回想的所有形式中，叙事是“最为准确的”但又是“最不完整的”[43]。也就是说，如果我们仅仅依赖未经提示的叙事，则许多重要的事实将会被忽略掉，而如果记忆经由确认——比如通过诱导性问题——来提示之后，事实却可以被准确地报告出来。因此，我们显然又面临着另一个两难困境。一方面，我们知道通过告诉委托人某一特定事实是重要的以及它为什么重要，我们可以引导委托人去“回忆”起那些甚至并未发生过的事实。另一方面，如果我们无法尽可能帮助委托人去进行回忆，则关键的事实可能真的会丢

---

[41] *See*, *e. g.*, Bartlett, at 195.

[42] *Id*.

[43] Gardner, *supra* note 28, at 404.

失。而且，由于委托人的记忆难免会受到那些与自我利益相一致的重构的影响，一位对其自身法律利益存在误解的委托人可能从心理上便会倾向于以一种不仅与其案由不相一致而且是不准确的方式来进行回忆。

无论在实践层面还是在伦理层面上，如果我们在这一点上重新考虑一下律师“要知道委托人所知道的一切事实”这一职业责任的话*，如果我们重新提出——在上一章曾经提出过——律师何时“知道”足以达到道德警觉程度这一问题的话，这一困境的复杂性都被强化了。在代理领域，知道的这两个维度是紧密相关的。不过，记住下面这一点依然是有用的，即它们在一些重要方面是不同的。当我们提及知道委托人所知道的一切这一义务时，我们所指的是尽可能完全了解信息的重要性，从战术性目的来说，是为了在一个对抗性处境中最有效地提供咨询和代理。另一方面，当我们提及在道德警觉意义上的知道，我们所指的是一种意识状态，这种状态足以强迫认真负责的人认识到一种道德选择已经被展现出来了——简言之，存在这样一种处境，其中有意识地拒绝作出一个选择本身就是一个道德决定。

最能例证这一困境的是所谓的“桃色血案”（*Anatomy of a Murder*）** 情境。㊹ 一位律师从其委托人那里听到了一个事实上存在一级谋杀的有罪故事之后，说道：“如果事实正如你所说，你已没有法律上辩护的空间，你可能被处以电刑。另一方面，如果你是因为无名之火而作出行动，那么尚有一丝可能性来拯救你的性命。你好好考虑下，我们明天再谈这个问题。”无数的律师已经尽量避免卷入这样一种情形，他们说，这位律

---

* *See* Chapter 1 *supra*.

** 《桃色血案》是美国1959年拍摄的一部电影，该影片主要讲述了一名陆军中尉在极度愤恨之余枪杀了强奸他妻子的酒馆老板，而一位小镇律师则为他辩护此案。在辩护的过程中，律师发现事情并非表面看起来那样简单，当事人梅森中尉和他那自称被死者强暴的太太对真相有所隐瞒，案情开始变得扑朔迷离、真假难辨。——译者注

㊹ *See*, J. Voelker (R. Traver, pseudonym), Anatomy of a Murder (1958).

师的主要过失在于没有在律师知道太多太快之前便向委托人提供咨询。也就是说，批评的要点在于，律师本应在早得多的时间点便向委托人提供法律建议（这最终提示了虚假的辩护），这样律师便可以在一个更为理直气壮的位置上宣称，在将委托人的故事引向可欲的方向之前，他并不真正“知道”有罪事实。不过，同样是这些律师，大多数也都认可律师在开始提出任何暗示性或指引性提示之前，便获得委托人有关这一事实的叙述版本之实质部分具有战略意义。此外，正如我们在评述心理学文献时已经看到的，律师可能会将那些本来对一个正确的战术立场至关重要的信息给隔离出去了。那么，律师能够两者兼顾吗？在为了战术目的而知道足够多的有罪真相的同时，律师是否还有可能知道被放置道德标识的程度？这样一个标识表明，律师有关法律的建议可能不仅仅与提示性的、符合自我利益的记忆重构有关，而且进入了一个提示有意识地作出伪证决定这样一个领域。

在直接处理“桃色血案”情境——在该情境中，事实是一清二楚的，而律师则基于一个由委托人关联起来的这一截然不同的事实来提出一个辩护意见——之前，让我们处理另外一些情境。在另一些情境中，根据可以适用的法律，相关的事实必然存在一些含糊之处。比如说，在无数的情况下，一个人的“意图”是至关重要的，尽管在法律规则所关注的意义上，他/她本来就不存在任何意图。比如说，一位德国作者在将意图问题考虑为法律后果的一个标准时，曾提出以下情境㊺：一位小伙子和一位姑娘决定结婚，每个人有 1 000 美元，他们决定用这笔资金来开始一项生意，而这位姑娘也基于这个目的把钱给了这个小伙子。这是形成一个联合风险投资或合伙的意图吗？他们是否意图让小伙子成为一位代理商或受托人？这次交易是馈赠还是借贷？最有可能的是，这对年轻夫妇对内心状态的表

㊺ Wurzel, Das Juristische Denken 82 (1904), translated in L. Fuller & R. Braucher, Basic Contract Law 67 (1964).

述与法律所希望寻找的任何意图“模式”并不相符。因此，如果这对夫妇随后拜访了一位税务律师并且发现从他们的利益出发，他们的交易最好被视为馈赠，这时他们也许就会很好地“回忆”起他们的意图了。另一方面，一旦他们的结合破裂，而这位姑娘为要回自己的钱去咨询一位律师，经过恰当的咨询之后，她也许会“回忆”说她原来的意图是借贷。

前述故事并不打算以一种愤世嫉俗的方式来展开。正如其他许多故事一样，法律规则要求“事实”认定，而在此种情形下，事实是真的模糊不定的。而且，正如我们已经看到的，在通常的记忆建构过程中，委托人真诚的回忆难免会受到其所假定为对自身有利害关系的影响。因此，在这样一个模糊的情境中，律师如果坚持让委托人去得出结论看看其意图本来是馈赠还是借贷，而不是首先向委托人解释所适用的法律是什么以及每一种可能回答的意义如何，那就太荒谬了。

与此类似，也有一些判断或程度问题也将受到委托人对其自身利益之理解（无论正确与否）的影响。比如，假定你的当事人在一场一级谋杀案件生死攸关的审判中，承认用铅笔刀杀害另一个人，但坚称是为了自卫才动手的。你问他：“你通常在你的口袋里携带那把刀吗？你是否经常携带它，或者说你只是在那种情况下才携带它？”他回答说：“你为什么这样提问？”告诉他他如果仅仅在那种情形下或者不经常携带那把刀也许会支持一个预谋的推论，而如果他总是或经常携带这把刀，则有关预谋的推论就会被否定。这样，你委托人的生命也许就取决于他对自己是否经常携带这把刀的回忆。尽管委托人或第三方也许会推论出这位律师正在提示委托人撒谎，但律师必须告知其委托人他所做回答的意义。在想得到的范围内还不存在这样一种伦理要求，也就是要求律师在告诉其委托人所提问题的意义之前，要让其进行一种急切而又欠考虑的回答。正如加州大学伯克利分校法学院的约翰·努南（John Noonan）教授（在一篇除本处所引之外对我的立场持整体性批判的文章当中）所说的："律师对于其委托人来说不应该是家长式的，也不能假定他的委托人自己会去作伪证。"努南教授接着写道："而且，律师有义务将与委托人案件相关的所有法律信息都提供给他；在履行这一告知义务的过程中，律师一般不会违反伦理标准。"㊻

到目前为止，本章所展现出来的分析与我最早在《密歇根法律评论》中发表的一篇文章中的观点是并行不悖的。㊼ 不过，我现在确信在进一步得出结论说"桃色血案"情境与刚才所讨论的那些情境"本质上并无区别"㊽ 时，我犯了错。在《密歇根法律评论》上的那篇文章中，我之所以得出这样一个结论部分是源于铅笔刀案，在该案当中，委托人在充分意识到给出有罪信息意味着什么之前已经这么做了。假定一个人去咨询一位税务律师，跟他说："我五十岁了。在我的直系亲属当中，过去还没有人活过五十岁。因此，我想安排一下我的后事。特别是，根据我的理解，我可以通过设置一个信托来避免繁重的不动产税。我能这么做吗？"这位律师告诉这位委托人说，只有当他在确立该信托三年之后还活着或者尽管他在三年内死亡但该信托在确立的时候他并未预料到自己会死亡的时候，这些不动产税才能得以成功地避免。该委托人会接着问怎么做才能符合美国国税局或法院所说的该信托并非在预料到死亡的情况下确立的。

在这一点上，律师要么拒绝回答这一问题，要么他可以告知委托人，首先他不能再跟任何人说他注意到了先前的死亡，其次他应该写信并且通过交谈告诉亲戚朋友们说他正因为某些与濒临死亡或"安排后事"的愿望毫无关系的原因而建立一个信托。假设那个郡的几乎每一个税收律师都会回答委托人的问

㊻ Noonan. *The Purposes of Advocacy and the Limits of Confidentiality*, 64 Mich. L. Rev. 1485, 1488 (1966).

㊼ Freedman, *supra* note 1, at 1478-80.

㊽ *Id.* at 1481.

题（并且后面会在法庭上出示这些信件和有关交谈的证人证言），基于这样的假设，我得出结论说，对于律师而言，给出建议并没有违反伦理。尽管那个时候我并未明言，但我内心已经有了“我是一本法律书”这样一个理由，也就是说，律师所做的事不外乎告知委托人，在可适用的成文法和法院判决当中是如何规定的。经过慎重的反思，我现在认为这样一个结论是错误的。在税收案当中，这位律师简直就是也仅仅是在制造——而且最后提出——一个欺诈理由过程中的一个“积极工具”而已。（在铅笔刀案中，如果被告事实上在杀人案发生的那一天购买了铅笔刀，而律师却建议他说他已经携带它好几个月了。）尽管税务界的一个合理共识并非与这样一个伦理判断无关，但这在这样一个制造证据的无耻案件中并非决定性的。

正如本章先前所提到的，《职业责任守则》在“律师能否给出可能导致伪证”这一一般性问题上是含糊其辞的。目前适用的《惩戒规则》仅仅规定，当律师知道证据为虚假或该证据显然为虚假的时候，不得“参与该证据的制造过程”㊾。相关的“职业伦理考量”（Ethical Considerations）所能提供的帮助相当有限，这部分是因为它们本来就仅仅是“愿望性的”，并不具有惩戒规则那样的强制力。《职业伦理考量》7—5 规定，律师不得“在明知的情况下协助委托人参与非法行为”，还有律师不得“鼓励或协助”委托人从事犯罪行为，或者“就如何违反法律或规避因违法而带来的惩罚提供建议”。不过，守则中关于这一点的脚注提到了一种极端的情形，在该情形下，一个律师正代表着“参与违法行为的臭名昭著的辛迪加，其目的是就如何在违反法律的同时逃脱法律惩处向其成员提供建议”。《职业伦理考量》7—6 规定，律师可以合理地协助委托人“提出并保存关于现存动机、意图或欲望的证据”，但还加上，“显而易见”，他不能做“任何事情”来推进虚假证据的创造和保

㊾ DR 7-102（A）（6）.

存。后面这种禁止情形是极为宽泛的。不过，同一条“职业伦理考量”也指出，在许多案件中，律师也许无法“确定”委托人的内心状态，并且主张在这些情形下，律师“应该为委托人考虑来解答合理的疑问”。即便根据更为宽松的标准，如上述提及的税收案件，它似乎也要求采用如努南教授所说的“无理性的合理化”（brute rationalization）[50] 去宣称，在律师的心里，他对于该委托人为何找到律师来建立一个信托真的不确定或者存有合理的怀疑。

通过特别引用“桃色血案”，我提出了另外的原因来证成为何可以告诉委托人一个事实性理由，这个理由可以比委托人所叙述的事实拥有更高的成功概率。我认为，这就是律师之所以作为委托人立场之律师在没有提供建议之前所拥有的信息，同时也认为，委托人有权拥有与法律有关的信息并且就是否依此行事作出自己的决定。我说，禁止给出建议不仅对于那些受教育程度较低的被告人不太公平，而且会对那些因为信任律师而一开始便真实地讲出其故事的委托人造成伤害。

那种论证的谬误在于，律师不仅仅给予委托人“有关法律的信息”，而且积极参与——确切地说，是引入——一项明显伪造的事实辩护。认为那些受教育程度较差的被告被允许在律师参与的范围内制造伪证的看法，将律师角色作为“平衡器”的理念往前推得太远了。而且，即便委托人最初向他的律师秘密讲述的故事是真实的，这并不必然推出，如果该律师完全拒绝虚构一个虚假故事会对保密义务有丝毫的违背。* 因此，我并不相信这是一个律师实际上应该被告知的情境之一：“你所知道的事实与你作为对抗制下一位辩护律师的角色是没有什么关联的。”** 那些在其他情境下被证明具有指引性的政策关注

---

* 与接受某一委托人作伪证的决定，将该伪证提交给法庭并且承认如果不这么做将会破坏保密关系相比，这是一个完全不同的问题。*See*, Chapter 3 *supra*.

** *See*, Chapter 5 *supra*.

[50] Noonan, *supra* note 45, at 1488.

并不会出现在这一情境中。

在尝试作出一个总结性分析之前，还有两个情境值得讨论，因为这两个情境都非常接近于迄今为止所能提出的那条线。假定X辖区和Y辖区毗邻，有许多律师同时在这两个辖区执业。在辖区X，有大量的工人赔偿案件，这些工人在提举物品的过程中扭伤并且获得了赔偿。在辖区Y，有同样数量的此类案件，但在所有此类案件中，那些扭伤自己的工人在提举物品的过程中还被某些东西所绊倒或滑倒。这种巧合是值得庆幸的，因为在辖区X，只要扭伤与工作相关就足以获得赔偿，而在辖区Y，法律要求该伤害是在某一“事故”——比如绊倒或滑倒——中产生的。显而易见，那些办理委托人在辖区X没有滑倒或绊倒案件的律师们在辖区Y将提示他们的委托人去回忆在受伤的过程中是否有被绊倒或滑倒。

在这些案件中，并不存在意图或评价问题，有的只是客观事实。不过，即便委托人最初对事件的叙述未曾提及滑倒或绊倒的相关信息，我相信律师的义务在于向Y辖区的委托人解释，对于补偿的一个法定要求是一场事故的发生，比如绊倒或滑倒。正如我们在先前有关行为心理学家实验的讨论中提及的，在对某一事件的叙述当中，这类事实性细节很容易被忽略掉。而且，叙述者对其自身利益的理解（无论正确与否）将影响对事件的记忆重构，而这一影响并非因为任何有意的不诚实。因此，那些错误地假定绊倒或滑倒将会妨碍赔偿（可能因为这会表明其疏忽大意）的委托人也许会无意识地将那一事实过滤出去。因此，尽管存在这样一个风险，也就是说，不诚实的委托人也许会有意虚构一次绊倒或滑倒来满足这一情形的要求，律师还是有义务通过解释事实性要素的相关性和重要性来提醒委托人的记忆重构。

当然，律师由此承担的另一个风险就是一个战术性风险，也就是提供有关案件事实性要素的错误信息。不过，此类风险是无法避免的——律师也可能会因为未能在某一要点上提醒委托人的记忆而陷入告知错误。不过，这种无法避免的战术性风险与下面这样一种风险是非常不同的——一个律师会向委托人表明律师倾向于不知道任何归罪性信息，因为律师寻求避免因为知道太多而带来的道德责任。

工人的赔偿情境——其中，一个至关重要的滑倒或绊倒也许已经为委托人的原始叙述所忽略了——表明委托人可能会根据那些被假想为对自我有利的情形无意识地进行记忆重构。除此之外，委托人也许最开始会有意识地决定告诉律师一个虚假的故事，因为他错误地相信真相会比其事实上更具归罪性。比如说，在第一章中，一个曾被提及的真实故事讲到，委托人不愿意告诉她的律师说她丈夫曾经拿着一把刀子攻击了她，因为这一事实倾向于证实她曾枪击过他。如果这位委托人知道自我防卫是一个法定抗辩理由的话，那么她也许在一开始就会毫不犹豫地告诉律师到底发生了什么。

因此，在会见的时候，律师必须将这一情境的实际心理现实都考虑在内。这就意味着，至少在使委托人说出故事的早期阶段，律师应该给出法律建议来帮助其揭示出有用但委托人也许会有意无意地未加透露的信息。在这一范围内——基于一个不同的但更为有限的理由——我坚持我早期所持的这样一个观点，即在有些情境下，律师给予委托人以法律建议是恰当的，即便该律师有理由相信这一建议也许会诱导委托人去制造伪证。不过，这就触及这样一个点，在这一点上，除了“无理性的合理化”之外没有什么能够倾向于证成这样一个结论，即律师是怀抱美好愿望去引导出真相而非积极参与制造伪证的过程中。

那些通过某一关键事实来帮助其委托人挽回案件败诉趋向的律师常常是从个人的正义感出发来行动的，例如那些知道监狱是令人恐怖的以及相信没有人应该遭受这样的非人待遇的刑辩律师们；那些对专断的规则心怀不满——因为它们使一位受到严重伤害的穷苦人无法从一家保险公司获得赔偿——的律师们；那些不愿意看到一名凶残罪犯因为技术性抗辩理由而再次向无辜的市民开火的检察官们；或者是那些对一套任意而不公的制度——因为它常常欺软怕硬——心怀不满的税务律师。有时候我将这种态度（存在某些矛盾心理）称为罗宾汉原则。* 我们是我们委托人的“对抗一个邪恶世界的斗士”，而看到正义实现也许是一个压倒一切的目标，尽管存在一些不那么便利的事实。但是罗宾汉，一个罗曼蒂克式的人物形象，其实是一个亡命之徒。那些选择充当这一角色的律师，哪怕是在偶然的案件中受到委托人案由所引发的强烈正义感的压力，必须基于他们自己的道德责任，冒着风险来行事，同时还要避免来自一般性职业责任标准的制裁。

---

* 罗宾汉（英语：Robin Hood）是英国民间传说中的英雄人物，人称汉丁顿伯爵。他武艺出众、机智勇敢，仇视官吏和教士，是一位劫富济贫、行侠仗义的绿林英雄。——译者注

7

检察官的一些职业伦理问题

一般都认为，检察官和辩护律师有着完全不同的角色和功能，因此他们所面临的伦理困境与解决之道必然也因此而不同。这些差异主要源于政府与其要追诉的公民个人之间的差异。其中第一个差别是在我们的社会中个人尊严的至上性与神圣性。第二个则是政府的令人敬畏的权力，这是一个我们国家的创建者有着很好的理由去将其限定在“大宪章”和在其他地方的宪法中的权力。第三个差别则是我们政府的庄严。有些在个人层面看来可以容忍的行为一旦代表一个国家或一个州“在法律的色彩下”完成则可能会备受谴责。除此之外，检察官在引导审讯、界定需要起诉的犯罪、影响刑罚甚至在决定是否起诉方面还有其他额外的权力。在行使这一裁量权的过程中，检察官常常会被要求来作出一些在私诉中本应由委托人而非律师作出的决定。因此，说检察官在行使政府巨大的裁量权方面有着特别的责任，只不过是承认检察官是有着裁量权可以行使的律师而已。而且，辩护律师的特殊职业责任主要源于律师与委托人之间的保密、无罪推定、辩护的宪法权利以及免于自我归罪的宪法特免权——对于对抗制而言——的重要性。不代表个人委托人的检察官并不会以同样的方式受到这些条件的影响。

比如说，辩护律师在职业上一定要去隐瞒证据：“让一个有罪的被告偏离其立场，而让政府置于证明的位置，这没有什么不道德的。宪法保障的就是被告的这样一些权利。不过，显而易见的是，并不因此而推出公诉人同样拥有隐瞒实物证据的特权，宪法的指令当然恰恰是相反的。”① 与此类似，下面这种情形同样是合乎伦理的，也就是说，辩护律师对一名控方证人进行交叉询问以使其显得记忆模糊或不尽真实，即便该辩护律师明知这位证人的证言真实而又准确。② 即便那些声称辩护

① Brady v. Maryland, 373 U.S. 83 S. Ct. 1194, 10 L. ED. 2D 215, 218-19 (1963).

② *See*, Chapter 4 *supra*.

律师不得以任何方式去误导法庭的人也都同意上述这一结论。③ 他们是基于被告有权“让政府完成其证明”④ 并且“检验控方案由的真实性”⑤ 来得出这一结果，而我则是基于保密义务的必要性来得出同一结论。不过，这些理由当中没有一个可以用来证成下面这样一种情形：一位公诉人明知辩方证人是真实地作证的，但还是可以通过让辩方证人好像在说谎来获得一个成功定罪。被推定为无罪的被告人并不承担证明责任，而且公诉人在进行庭审的过程中也并不承担保密的义务。

在认可辩护律师与公诉人之间不同的角色之后，美国律师协会和美国法学院协会在它们有关职业责任的联合报告中这样总结道：“公诉人不能将一名律师在为个人委托人代理过程中所展现出的标准作为其办公室的行为指引。如果公诉人的义务要得以恰当履行的话，那么本可以恰当赋予一方当事人的自由就会被大大削减。”⑥ 与此类似，《职业责任守则》指明，一位公诉人的责任“与一般的诉辩者的责任是不同的；他的义务是寻求正义，而不仅仅是定罪”⑦。除此之外，“美国律师协会有关起诉和辩护职能的标准”也被分为相互分离的两个部分。这些标准也强调公诉人独一无二的角色：“尽管公诉人是在对抗制内部运行的，但从根本上说，他的义务是既要保护无辜者也要对罪犯进行定罪，既要保障被告人的权利也要强化社会公众的权利。”公诉人不仅仅是一名诉辩者，还是一位“司法正义的管理者”。“他是一个广泛政策层面上的一位决策者，也是范围广泛的案件中的公诉引导者……由于他对于那些进入法庭的

③ *See*, *e. g.*, Burger, *Standards of Conduct for Prosecution and Defense Personnel*: *A Judge's Viewpoint*, 5 Am. Crim. L. Q. 11, 14-15 (1966).

④ Bress, *Professional Ethics in Criminal Trials*: *A View of Defense Counsel's Responsibility*, 64 Mich. L. Rev. 1493, 1494 (1966).

⑤ Burger, *supra* note 3, at 14.

⑥ American Bar Association-Association of American Law Schools, Joint Conference Report on Professional Responsibility (1958).

⑦ American Bar Association, Code of Professional Responsibility, EC 7-13.

案件共同承担着很大的责任，因而整个制度系统的品质、质量与效率很大程度上将被其行使广泛裁量权的方式所形塑”⑧。从这一意义上说，他是一位管理者。

遗憾的是，无论是“守则”还是“标准”都未能建立起一套恰当服务于这些业已设定的崇高目标的伦理行为规则。这个问题可以通过若干年前的一场争论得以例证，这场争论主要涉及对反战人士与民权激进分子进行政府公诉恰当与否，正如在对黑豹党人的公诉以及在芝加哥阴谋审判当中所发生的那样。有这样一种指责认为，一位检察官为“抓住”（get）异议群体的成员们而作出一项政治性决策是不道德的。在对这一指责的诸多回应中，最权威的莫过于后来的耶鲁法学院教授亚历山大·M. 比克尔对实践的捍卫。比克尔教授写道，对于起诉裁量权的这样一种践行是“不出乎意料的”，只要公诉人能够成功地提出一个“合乎情理的”理由，即便该理由最终将会被证明是“相当站不住脚的”⑨。比克尔教授后来强调，他已经说过这样被“抓住”的罪行应该是那种“已经暴露出来并且将揭露他人以进行逮捕和起诉的罪行”⑩。不过，这样一种观察并非对该问题的有效回应。如果政府强大的调查资源已经被耗费了，我们很少有人会对这样一位特定的公诉人无法提出一个“合乎情理的”理由而提出异议——而且，这个合乎情理的（即便是站不住脚的）理由也会因为某一行为而被确认为刑事性的，即便在其他情形下我们不这么认为。尽管这显然并非比克尔教授的本意，他的标准也很容易被看成鼓励建立一份“敌人名单”，为了“抓住”而进行汇编，或者用约翰·迪恩的话说，“拧紧”这些政治反对派。

因此，起诉裁量权的第一个问题主要与调查的决定相关。

---

⑧ American Bar Association, Standards Relating to the Prosecution Function, Commentary to § 1.1 [hereinafter cited as the ABA Standards].

⑨ Bickel, *Judging the Chicago Trial*, Commentary, Jan., 1971, at 31, 36, 37, 39.

⑩ Commentary, May, 1971, at 14.

罗伯特·杰克逊大法官（前司法部部长）将其称为“检察官最危险的权力”，因为它使检察官“去抓那些他认为他该去抓的，而不是去抓那些需要被起诉的案子”。杰克逊大法官进一步观察到，随着法律典籍写满了庞大的犯罪分类，一名检察官就有充分的机会让某一行为至少技术性地触犯几乎每一个罪名。他观察到，在这样一种情形下，这就“不是一个发现犯罪实施然后去寻找那个实施犯罪者的问题，而是一个先选择某个人然后翻查法律典籍或让调查者去放手工作进而将某些犯罪标签贴到他身上的问题”。在这一点上，法律的实施“变成个人化的，而真正的犯罪变成了为主流或统治群体所不容、秉持错误政治主张或者个人为检察官本人所憎恶或觉得他妨碍了检察官本人的那些人”⑪。

那么，检察官的这种“最危险的权力”在美国律师协会的《职业责任守则》或其《有关起诉职能的标准》中是如何处理的？答案是，完全没有。因此，当下至关重要的是投入精力来发展恰当的标准。

我们一开始必须承认的是，动机是伦理性关注的主要因素。与比克尔教授标准的含义相反，一个敌人名单的恰当与否并不取决于检察官最终是否成功地提出了某一案件，而是因为“选择性起诉”——当这种选择根源于不纯的动机之时——构成了一种公权力滥用和对基本权利的侵害，因此是非伦理的行为。这种行为的一种形式可以通过 *Yick Wo v. Hopkins* 来得以例证。⑫ 有一条旧金山法令规定，任何人如果没有一份来自监管委员会（Board of Supervisors）的许可证，在木制建筑里经营一家洗衣房就是违法的。Yick Wo 被控违反了这一法令，而且因为支付不起罚款而被监禁。本案的案卷显示，几乎所有由中国人提出的许可证申请都被否决了，而几乎所有由非中国人

---

⑪ Address by Justice Jackson, Second Annual Conference of U. S. Attorneys, April, 1940.

⑫ 118 U. S. 356, 6 S. Ct. 1064, 30 L. Ed. 220 (1886).

申请者提出的申请都通过了。因此，对 Yick Wo 和其他人的起诉是建立在一种源于不良动机的歧视性对待的基础之上的。最高法院判决："尽管法律本身的面相看起来是公平的、无偏私的，但它如果是由带着邪恶眼神和不公平之手的公共权威来得以适用和执行的话，进而实际上导致人们在对权利至关重要的相似情境下受到不公正且非法的歧视的话，那么这种对公平司法的否定同样在宪法的禁止范围之内。"*

像 Yick Wo 这样清楚的案件还是比较容易的案件（尽管应该记住的是不仅被起诉，而且被一路上诉到最高法院）。一种更为困难的情形可以通过罗伯特・肯尼迪（Robert Kennedy）（作为司法部部长）诉詹姆斯・霍法（James Hoffa）** 案展现出来。大家都知道，肯尼迪在美国联邦检察官办公室里流传着一份包括霍法和罗伊・科恩（Roy Cohn）等名字在内的特殊名单，他们都是在过去几年里曾让肯尼迪产生敌意的人。在司法部内部有一个"抓住霍法"小组（他们真的这么称呼他），在肯尼迪任期内，这个小组成功地对霍法提起了比整个密西西比州民权案件更多的起诉，对佣工国际工人兄弟会（Teamsters Union）的职员们提起了比整个国家的民权案件更多的案件。事实上，肯尼迪被说成是"献身于"民权的，他致力于将霍法投入监狱也使其困扰倍增。政府资源额外投入的第一个产品就是在一起轻罪指控中霍法被判入狱两个月。⑬

---

* 同样利益攸关的是 Lenske v. United States，383 F. 2d 20 (9th Cir. 1967)。在该案当中，一位国内税务经纪人被建议起诉，在其报告中强调被告——一位为"左翼事业"提供代理的律师——被认为是一位共产党员。只有一位法庭成员在推翻定罪时是依赖了这样一种不恰当的动机，但他希望根据阿格纽（Agnew）先生所谓的"后水门德性"（post-Watergate morality），对此类案件保持更大的敏感性。

** 詹姆斯・里德尔・霍法（James Riddle Hoffa）（1913—1975?），美国劳工领袖。生于印第安纳州。1957 年任卡车司机联合会国际部主席。善于谈判。1967 年因贿赂陪审团、诈骗、阴谋等罪被捕，被判 13 年徒刑。在狱中仍保留他在工会的职务，直至 1971 年理查德・尼克松总统为他减刑，但规定他在 1980 年之前不得参与工会活动。1975 年他突然去向不明，一般人认为他已被谋杀。——译者注

⑬ *See*, V. Navasky, Kennedy Justice, Ch. IX (1971).

我先前已经认可了这样一个观点，即自从那天詹姆斯·霍法告诉罗伯特·肯尼迪说他不过是一个在生活中不挣一个铜板的富家子弟之后，他就成为一个被盯上的人；而且我也认为当肯尼迪成为司法部部长的时候，满足这种泄愤就成了美国的公共政策。哥伦比亚法学院的 H. 理查德·尤维勒（H. Richard Uviller）教授回应道："……如果罗伯特·肯尼迪作为司法部部长确信佣工国际工人兄弟会和霍法对贸易联合主义构成了破坏，并且已经成为这个国家经济中的一股强有力的、危险的以及被匪徒所控制的力量，那么他对霍法的追诉难道没有比其因为个人微小的冒犯而决意将霍法送入监狱要合乎伦理得多吗?"⑭

尤维勒教授的回应有一个明显的优点。动机当然是对某一行为之合伦理性作出判断的一个主要条件。不过，由肯尼迪—霍法难题所提出的伦理问题的解决之道并不在此。在这里，我们关注的是作为公共官员的检察官，他行使着巨大的政府性权力，负责确保正义不但要实现，而且要以看得见的方式来实现。因此，在确信说肯尼迪决意满足于一种个人怨恨这一点上我是否正确并不重要，尤维勒教授在提出更有价值的动机这一点上是否正确也不重要。确切地说，关键点在于职业义务或许会受到利益冲突引发的个人利益的影响——哪怕只是表面上如此，这就要求肯尼迪应该从司法部针对霍法的行动中的任何直接或间接角色中进行回避。正如《职业责任守则》的 DR 5-101（A）所规定的，当某一职业判断的行使将会或"可能会"受到"个人利益"的影响时，律师"不应"从事这一行为。此外，《职业道德准则》第 9 条规定，律师应该避免哪怕是"看起来"的职业不当行为。与此类似，美国律师协会标准规定："检察官应该避免表面上……与其官方职责相关的利益冲突。"⑮ 对这一节的"评论"进一步说道："至关重要的是检

---

⑭ Uviller, *The Virtuous Prosecutor in Quest of an Ethical Standard*: *Guidance from the ABA*, 71 Mich. L. Rev. 1145, 1152 (1973).

⑮ ABA Standards, § 1. 2.

察官应该避免参与到一宗在其背景中任何党派性意蕴可能给其职责的公正性带来阴影的案件当中。”当一起利益冲突可能被提起的时候，根据《职业道德标准》的要求，检察官应该从案件中回避，并且为任命一位特殊的检察官做恰当的安排。[16]

几年前我曾提出，因逃税而起诉 Al Capone 是不当的，因为动机是要惩戒 Capone 的其他犯罪，但这些罪行仅仅是嫌疑而无法加以证明。[17] 也就是说，我把 Capone 案放入杰克逊所说的“先选择某个人然后翻查法律典籍或让调查者去放手工作进而将某些犯罪标签贴到他身上”那一类。经过反思，我觉得这种观点是错的。我们再次主要关注的是动机，而我忽视的是 Capone 就是因为刑事活动而被追诉的，而逃税行为就是在对其嫌疑的犯罪行为的恰当调查中发现的。因此，对 Capone 的追诉就落入了由尤维勒教授所起草的一个建议性标准中：检察官应该积极地寻求那些能用于支持起诉的证据，只要——根据他的判断——社会共同体的福祉被非法组织或被某一位或某一群被确定的个人的犯罪行为所威胁，哪怕这样一些罪行或罪犯远离侦查或逮捕的范围。[18] 有了这样一条处理肯尼迪—霍法这类困境的利益冲突条款的加盟，尤维勒教授的建议似乎具有更为明显的优点。我还必须添加以下推论：“检察官不得寻求支持某一起诉的证据，除非——根据其合理判断——共同体的福祉受到非法组织或可确定的某一个人或某一群人的犯罪行为的威胁。”

起诉裁量权议题的第二部分主要与这样一条标准相关，该标准应该被用来决定是否以追求某一指控为开端来开启该刑事审判过程。

---

⑯ *See*, ABA Standards, Commentary to § 1.2; § 2.10.

⑰ Freedman, *The Professional Responsibility of the Prosecuting Attorney*, 55 Geo. L. J. 1030, 1034-35 (1967).

⑱ Uviller, *supra* note 14, at 1154.

一开始，相当重要的是要指出仅仅被指控某一犯罪本身就是一个惩罚的历程。被指控者的名誉瞬间被毁于一旦，而且常常是无法修复的，即便最后指控并未成功。对于被控者来说，焦虑和痛苦是家常便饭，对于被指控者的家庭和朋友来说也是如此。众所周知，刑事审判过程的情绪压力会破坏婚姻，使被控者的孩子产生一种疏离感或心神不宁。财务负担也许是巨大的，并且很可能包括就业损失，这是因为审前羁押或在听证与审判期间无法工作造成的旷工带来的一个结果。审判本身就是一个令人折磨的过程，那种焦虑逐步累积直至陪审团评议期间达到顶点。那些仅仅通过行使这种可怕的裁量权来寻求对某一位公民进行起诉的检察官，还有更多的检察官都是这样开始行动的。表达这样一种理念说政府追求的是正义而非定罪，其意思是说即便宣告一个无罪判决的时候，政府也是得分的。即便从一个不那么理想化的、更为悲观的意义上来说，以下这一点也是正确的：即便当被告被发现是无辜的，检控方也是胜利的，因为被告将会终身背负因遭遇司法所留下的“伤疤”。

正因为意识到这些事实，认真负责的检察官并不会将刑事程序的引擎轻易启动，除非他们排除合理怀疑地相信被告是有罪的。在对检察裁量权行使问题的一个深思而又坦率的探索中，斯坦福法学院的约翰·卡普兰（John Kaplan）教授已经观察到，“首要且最为基础的标准在于，无论案件的压力如何”，一位并不“真正确信”被告有罪的检察官在起诉当中不会感到心安理得。在卡普兰教授作为一名检察官的经历中，这一态度“绝不仅仅是一个起诉政策的问题”。“绝大多数，如果不是所有”美国联邦检察官都采取这样一种立场，即某人被“个人确信”有罪，否则，对其所提起的刑事指控“在道德上是错的”[19]。纽约州特别检察官毛里克·纳德加里也遵循着同

[19] Kaplan, *The Prosecutorial Discretion-A Comment*, 60 Nw. U. L. Rev. 174, 178-79, (1965). Professor Kaplan notes some deviation from that standard in some special categories of cases.

一标准。[20] 此外，《职业责任守则》也提醒我们，“在我们刑事司法系统当中，一切合理怀疑的利益归于被告人”[21]。

因此，当人们发现无论是《职业责任守则》还是《美国律师协会与公诉职能有关的标准》所提出的规则中都没有纳德加里和那些与卡普兰教授共事的美国联邦检察官们事实上在践行的标准的时候，这无疑会令人相当失望。根据《职业责任守则》，与承诺相反，在有关某一位公民是否应该被置于刑事指控的煎熬之中这样一个问题的诸多规则当中，被告并未被赋予“所有合理怀疑所带来的利益”。相反，其所阐明的标准是指控应该基于“合理的根据”[22]。当然，合理的根据可以基于传闻，并且满足于一个哪怕低于有罪之实质可能性的标准。《职业责任守则》条款中唯一获得挽救的一面是这样一条惩戒标准是一条客观标准——即使范围相当有限。也就是说，检察官只要明知“或显而易见”该指控并未获得合理根据的支持，那么他就违反了该规则。这就意味着，即便检察官否认知道没有合理根据来证成启动公诉，其依然可能基于这样一个认定，即没有合理根据是“显而易见的”而受到惩戒。

ABA 标准也显然是不恰当的。启动刑事指控的标准同样是合理根据。[23] 不过，该标准规定说，检察官只有当其“明知”该指控并非基于合理根据——即便缺乏合理根据是显而易见的——的时候才违反该规则，这就将《职业责任守则》中仅存的最低限度的客观性完全都根除出去了。因此，从实践性目的来看，《职业道德标准》对检察官的裁量权没有什么伦理限制。《职业道德标准》中令人挽救的一面在于检察官被告知，他或她“不得”追求那些检察官无法“运用庭审证据来合理支

---

[20] Association of the Bar of the City of New York, Professional Responsibility in the Practice of Criminal Law: The Murky Divide Between Right and Wrong (May 8, 1974).

[21] EC 7-13.

[22] DR 7-103.

[23] ABA Standards, § 3.9 (a).

持”的指控。㉔ 对该条款的“评论”表明，检察官因此被敦促不要去启动指控，除非能够确立“表面上证据确凿的案件”。这个标准比合理根据标准要略高一些，因为它要求有足够可采的证据来对所指控的犯罪的每一要素提出最低限度的案由，但一位检察官即便在拥有这么多证据的情况下依然可以实际上确信被告人是无辜的。最终，对于像卡普兰教授或纳德加里先生这样有正义感的检察官尚还可以聊以慰藉的一点是，由于《职业道德标准》确实是说，当一位检察官对于“被告是否事实上有罪存有合理怀疑的时候”，他“可以”拒绝向前。

当然，我们已经学会了不要期望能够从《职业责任守则》与《职业道德标准》对检察官职业责任的处理当中获得太多的东西。正如先前所指出的，一位检察官可以出于侦查目的而起草一份敌人名单，这一行为既不会违反《职业责任守则》中的任何一条惩戒规则，也不会构成《职业道德标准》中的非职业行为。而更令人失望的是，我发现尤维勒教授也认可这样一种观念，即一名检察官在对于被告有罪与否产生合理怀疑时依然可以合理地向前推进。尤维勒教授给出了下面这样一个例证。一位白人老者在一个灯光昏暗的过道里突然被一位年轻黑人抓住，黑人亮出一把刀并且夺走了被害人的钱包。整个事件大约持续三十秒钟。几天之后，被害人看到住在隔壁的某个人并确信他就是攻击者，该人于是被逮捕。尽管检察官对他施加了压力，但被害人发誓抓到的人没错。被告人的外表没有任何特异之处；除了在昏暗灯光下的这段恐惧瞬间之外，被害人从未见过他；被害人承认他个人认识的黑人不多。不过，他说他之所以比较肯定是因为，攻击者的脸已经“不可磨灭地镌刻在[他的]记忆当中”。被告有一个不在犯罪现场的证据：他妈作证在犯罪发生的时候他正和她一起在家看电视。正如尤维勒教授承认的，检察官知道在这些环境下辨认的易错性。因此，尤维勒

㉔ *Id.* at 3.9 (e).

教授承认，对于检察官来说，存在合理怀疑应该是“显而易见的”。尤维勒教授也承认“陪审团一般会对此类案件进行定罪”。但是，他不可思议地提出，检察官可以甚至应该在这样一个案件中合理地向前推进。㉕ 尽管尤维勒承认当对无罪存在一种“实质的可能性”时或有“很好的理由相信”某一控方证人在某一关键事实上撒谎了的时候，检察官就不应该继续下去，但他竟然说即便当该问题在检察官的内心“保持平衡”，那位将被告置于某一刑事指控负担的“检察官的行为也没有什么瑕疵”。

如果我们沿着尤维勒教授所提出的案件来推出其事实上可能的结论，那么我们将触及检察裁量权滥用的另一个主要领域，也就是辩诉交易。假定说，在该案件中他所提出的指控是持械抢劫，该罪行的刑罚幅度是 30 年到终身监禁。被告坚称其无罪。不过，他的律师向这位年轻人解释说，如果他进入一场涉及使用武器指控的审判，他很有可能要坐牢到年老才能走出监狱。当然，他将抗议说不可能定罪，因为他是无辜的，也因为他妈妈将证实他当时在家。但辩护律师还有尤维勒教授都知道，而且检察官的确知道“陪审团通常会在此类案件中给予定罪”。辩护律师也不得不将这告诉被告。被告也会知道他的律师将尽力用意图袭击抢劫来进行辩诉交易的谈判。这一罪行的最大刑罚也许是 15 年，但如果被告为政府节省了一场审判的费用，法官也许宽大处理，让他在监狱服刑，比如说，3 年～9 年。如果被告真正幸运的话，他会被准许以单纯袭击来进行交易，其最大的刑罚仅仅是 1 年的自由，而且他也许几个月后就会走出监狱。尽管被告是无辜的，但也会表现出对交易诉求没有异议。法律，以其公平的庄严，允许无论是无辜者还是罪犯去为了避免更长时间监禁的强制性威胁而选择认罪。㉖

㉕ Uviller, *supra* note 14, at 1157-59.

㉖ North Carolina v. Alford, 400 U. S. 25, 91 S. Ct. 160, 27 L. Ed. 2d 162 (1970); McCoy v. United States, 124 App. D. C. 177, 363 F. 2d 306 (D. C. Cir. 1966) .

因此，尽管尤维勒教授认为检察官不应该在一起存疑的案件中取代法官和陪审团的功能来为其结论提供合理理由，但事实却是——通过辩诉交易——事情十之八九将会如其所说的那样发展。因此，我赞同卡普兰教授和纳德加里先生所说的。检察官不能恰当地推进一个案件，除非该检察官排除合理怀疑地确信被告是有罪的。除此之外，如果一位内心公正的人无法基于该检察官所知的事实而合理得出该被告排除合理怀疑也被确信有罪的结论，那么，该检察官应该因为推进该指控而受到职业惩戒。

司法部在几年前已经对都会区法庭中的辩诉交易实践进行了描述。“法庭中的繁重事务使案件的快速处理变得极为重要”。这反过来要求同大多数被告进行辩诉交易，而且需要他们不再“坚持要求审判”。确保此类交易能够足额的一个方法就是过度指控（overcharge），也就是说，指控一个更为严重的罪行或者将数罪累积起来，从而“为最后的交易提供一个舞台空间”。通常说来，案件会以重罪提起，检察官会随之指明交易成某一轻罪应该也是可以接受的。因此，检察官有意识地强迫被告放弃获得陪审团裁判的宪法权利。正如司法部报告中所指出的：“在此类案件当中，谈判只是一个形式。”㉗ 尽管这样一种实践的理由——“法院的繁重事务”——是一个严重的实践性问题，但这并不能为通过连蒙带骗地剥夺一个人的宪法权利的不道德实践效果提供正当化理由。

事实上，处境往往比这更糟糕，因为检察官是在明知的情况下和肆无忌惮的辩护律师共同误导被告人的，让他相信所做的是真的辩诉交易，尽管他们两位事实上都知道被告人最开始是被过度指控的。再一次援引司法部所说的：“在这样一个案件中，并没有发生真的交易，因为双方［律师］都知道原来的指控太重，是无法获得支持的。”不过，辩护律师也许不会将

㉗ Office of Criminal Justice, U. S. Department of Justice, Criminal Justice in a Metropolitan Court 34-35 (1966).

这一消息告诉其委托人，“他也许会感到指控上的降格在所有案件当中都是对辩诉交易的一种对价处理，也是对律师获得收费的一种对价处理”。因此，在辩诉交易期间有多少“真实的”重罪案件——也就是那些检察官相信可以作为重罪被成功起诉的案件——实际上被妥协，则是一个未知的问题。㉘

可以举出来的例子还包括检察官无法说服法庭说被告拒绝了有效辩护的宪法权利，还有检察官已经有意识地利用无效辩护。几年前，一位被告曾经被指控犯罪，而该犯罪起因于他的无照执业。㉙ 在对其审判的过程中，检察官办公室一位富有经验的成员作证说，在一个由他担任公诉人而由该冒充者担任辩护律师的案件中，该公诉人的判断是该冒充者并未进行有效的辩护。该检察官承认说他有向法庭提出无效辩护的义务，但他也进一步承认说他并不曾这样做。事实上，在他向陪审团做总结陈词的时候，他还不辞辛劳地表扬了被告律师的能力。当我向美国检察官办公室的一位成员提出，在总结陈词阶段的评论表明了该冒充者的确已经提供了有效的协助时，我被告知说这恰恰表明了相反的情况，因为只要他们关注到无效代理问题可能在上诉阶段被合法地提起的时候，检察官办公室成员们的做法恰恰是对辩护律师给予肯定性评价并将该评价记入庭审记录当中。

比起检察官无法展示无效辩护的案件更糟糕的是，检察官有目的地追求一场被告律师可能会忽略检察官案件缺陷的诉讼。“在［哥伦比亚］特区，为了避免那些可能在某一［美国］地区法院审判当中可能被提起的问题而在普通法院（General Sessions Court）提起公诉，因为在地区法院当中，辩护律师和法官在案件的处理上也许会更加仔细，或者说在某些情形下更可能发现公诉当中存在的瑕疵。”㉚ 换言之，在那些定罪可能被适格的辩护所排除的案件当中，有些检察官却依然会强行

㉘ *Id.* at 47-48.

㉙ United States v. Morgan, Crim. No. 755-61 (D. D. C., May 1, 1964).

㉚ Office of Criminal Justice, *supra* note 27, at 36.

起诉而寄希望于不合格的代理可能导致最终的定罪。

另外一种比较严重的公诉滥权行为是迟延量刑的做法，这一做法使检察官对于进行辩诉交易的证人保持一种强制力，只有在对另一位被告的审判过程中按照控方满意的方式作证之后该证人才能免于被定罪。不幸的是，这样一种做法是如此司空见惯，以至于其甚少被看成是职业伦理的问题。不过，考虑一下，如果一位辩护律师打算承诺对一位被告方证人附条件补偿10美元——依该证人证言被证明在本案当中有多大帮助而定，那么惩戒行动也许很快就会尾随而至而且名正言顺。根据ABA标准："证人应当始终如实作证，而且免于受到任何使其误入歧途的财物引诱。"[31] 该条款的脚注援用了一起纽约的案件，该案件提出，律师"必须撇清任何可能在最轻微程度上倾向于诱导证人按照有利于其委托人的方式进行作证的干系"[32]。《职业责任守则》的文本当中明确提及的有支付金钱，但对该规则的解释则更为宽泛地将其与任何"在最轻微程度上""倾向于诱导"证人以某一特殊方式作证都联系起来。无可置疑的是，检察官能够给予的免于10年牢狱之灾比起辩护律师所能给予的10美元或其他数额的金钱的诱惑要大得多。*

检察官们对证人施加强制的另一种形式是，使用先前定罪来对被告或辩方证人进行指控，这些定罪对陪审团产生的偏见性影响要远超对可靠性产生质疑这一所谓的正当性理由。在一个案件当中，检察官在使用先前定罪以指控辩方证人时真实的动机是，通过他的论证向陪审团表明他们应该考虑，鉴于辩方证人的犯罪记录，与其存在联系的被告是什么样的人也就可想

---

* 当然，辩护律师可以而且的确在交叉询问当中指出控方证人正在等待量刑——这一点陪审团可能意识到了，但也可能意识不到，因为他们将会知道是法官给出量刑的。基于同样的理由，控方可以给出这样一个事实，即辩方证人正在期待获得报酬，但显而易见的是，这并非一个恰当的或可接受的解决之道。

㉛ EC 7-28.

㉜ In *re* Robinson, 151 App. Div. 589, 600, 136 N. Y. S. 548, 556-57 (1912), *aff'd*, 209 N. Y. 354, 103 N. E. 160 (1913).

而知。即便没有这样的论证，偏见性影响和偏见性倾向也是一目了然的。正如一位检察官在写给我的信里所说的："我更喜欢用［先前定罪］来给我想隐藏在深水中的目标附加上重要的分量。"一位前检察官也曾经写信说道，在其经验当中，向陪审团告知某一先前定罪的机会被视为政府一方的"强大武器"，"几乎难以避免"会使天平向被告不利的方向倾斜。㉝ 当然，检察官使用先前定罪来进行指控的做法所带来的一个必然结果就是，强迫被告放弃行使站在自己立场上为自己辩护的宪法权利。这样，陪审团听到了控方的案件，然后再也无法等到被告对这些主张的否认。假如按照霍布森那样既不作证又坐在证人席上然后使陪审团受到先前定罪信息的误导，则有前科的被告将因为与罪行无关的原因而处在辩诉交易的额外重压之下而放弃他们的宪法权利。

检察官所实施失当行为的另一个重要领域则与宽恕和包庇警察滥权行为有关，这些行为包括像粗暴行为、伪证、非法逮捕、非法搜查和扣押以及非法讯问。在这一问题的根源上再次存在一个实践性困难。检察官必须与警察保持一种亲密的工作关系。如果没有来自警察心甘情愿的合作，无论是在侦查还是在法庭出示证据方面，检察官的工作将变得极度麻烦。结果是，检察官无论在提起针对警察局成员们非法行为——这势必将削弱合作——的指控还是宽恕或包庇警察犯罪方面，有时不得不承受着相当的压力。

这个问题非常严重。正如欧文·扬格（Irving Younger）法官（一位前检察官，而现在是康奈尔大学的一位法学教授）所说："在刑事法院执业的每一位律师都知道警察作伪证是司空见惯的事。"㉞ 与此类似，尤维勒教授已经指明，检察官们已经变得如此关注与毒品案件中非法搜查相关的警察伪证问

㉝ Letter from Howard D. Stave to the Editor of the *New York Law Journal*, Aug. 28, 1974.

㉞ Younger, *The Perjury Routine*, 3 Crim. L. Bull. 551 (1967).

题，以至于纽约郡地区检察官最近与辩护律师一起致力于使纽约上诉法院将证明责任转移给国家一方——尽管失败了——当被告一方宣称放弃作为对查禁违禁毒品这一动议的回应的时候。㉟ 尽管地区检察官因为采取这一行动而值得称道，但人们可以推出——没有过分的愤世嫉俗——检察官已经显示出他们完全有理由相信的是此类案件中的警察伪证。

几年前在哥伦比亚地区发生了一件尤其令人震撼的案件。两个黑人被叫停、盘问并且搜查，而理由仅仅是他们与一位白人妇女走在一起。他们对这一逮捕行为的恰当性提出质疑，结果是被指控实施了扰乱社会治安行为。㊱ 警官试图通过下列行为来为他们最初的逮捕行为合法化，他们宣誓作证说这两个人与同一晚上汽车收音机广播里对两个窃贼的描述相吻合。不过，警察的工作日志却显示并不曾有此类盗窃发生，广播当中也不曾有此类描述。检察官费了好大劲去阻止辩护律师检查工作日志，这一行为表明，检察官意识到了伪证的存在并且尽力避免其被曝光。一个警察审查委员会最终认定这些警察构成了非法逮捕和伪证的罪行。（不过，这仅仅让他们受到数额很小的罚款，而不是被开除。）尽管有来自民间组织的呼吁，但美国哥伦比亚地区检察办公室未能对这些警察提起指控。* 当然，对于在对两人的审判中检察官试图包庇警察的伪证行为，也未能采取任何惩戒措施。

---

* 美国联邦检察官办公室这样来为其未能指控提供正当理由，他们说他未能得到来自大陪审团的起诉书。不过，这一解释是不恰当的，因为事实上，“哥伦比亚地区的大陪审团大体上都是服从于检察官的领导的。他们在理论上总是随心所欲地忽略一些案件，但实际上只有在向他们提出替代性方案的时候，他们才会这样做”。Office of Criminal Justice, U. S. Department of Justice, Criminal Justice in a Metropolitan Court 37 (1966). 根据警察作伪证的书面证据——工作日志以及他们在审判中的证言笔录，很难相信这个案件曾被有效地提交给大陪审团。

㉟ Uviller, supra note 14, at 1158, citing People v. Berrios, 28 N. Y. 2d 361, 321 N. Y. S. 2d 884, 270 N. E. 2d 709 (1971).

㊱ District of Columbia v. Mills, Crim. No. D. C. 3135-64 (D. C. Ct. Gen. Sess., Jan. 22, 1965).

在许多检察官的办公室中，一种常见的做法是对那些投诉警察不当行为的人提起报复性的刑事指控，或者对那些撤销对那些实施逮捕的警察的民事诉求的被告决定撤回指控。这样一些做法已经为弗吉尼亚州律协法律伦理委员会㊲、哥伦比亚地区委员会主席㊳以及哥伦比亚地区犯罪委员会主席所谴责。㊴在一起发生在哥伦比亚地区的案件当中——这种做法已经受到谴责了——主诉检察官承认说该起诉之所以在撤回起诉之后又重新提起起诉，仅仅是因为被告对实施逮捕行为的警察提起了指控㊵："……三个月之后他走进来并且提出了一个正式的指控。所以我们说：'如果你想那样玩的话，难道我们不应该继续推进我们的案件吗？……我没有理由提起指控，直到他将他自己的理解改回到我们都同意的为止。在许多刑事案件当中都是这么干的。'"* 在大卫·巴泽伦（David Bazelon）首席法官的意见中，检察官因此承认存在"裁量权的显著滥用"㊶。除此之外，《职业责任守则》禁止律师"仅仅为了获得某一民事问题上的好处而提出或参与提出或者威胁提出刑事指控"㊷。不过，许多检察官依然为了强迫公民个人放弃对警察滥权行为的救济权利而提起刑事指控。㊸

---

* 该行为因此被认为既是非伦理行为，同时也是刑事行为："任何心怀从某人身上诈取任何金钱上的好处而……威胁起诉某人的某一罪行，或者强迫某人起诉或威胁做某事或不做某事，而任何心怀此类意图而公开对另一人进行任何此类指控均应被监禁五年以内或被罚款最高至一千美元，或两者兼而有之。"22 D. C. CODE 2305 (1961). （重点为原文所加。）

㊲ Opinion No. 131, approved by the Virginia State Bar Council, Oct. 25, 1963, reported in *Virginia Bar News*, Dec., 1963.

㊳ Letter from President of Board of Commissioners of District of Columbia to the National Area Civil Liberties Union, Feb. 3, 1964.

㊴ Report of the President's Commission on Crime in the District of Columbia 338 (1966).

㊵ District of Columbia v. Dixon, Nos. 4071, 4072 (D. C. Ct. App., June 13, 1967).

㊶ Dixon v. District of Columbia, 394 F. 2d 966 (D. C. Cir.. 1968). *See also*, MacDonald v. Musick, 425 F. 2d 373 (9th Cir. 1970), *cert. den.*, 400 U. S. 852, 91 S. Ct. 54, 27 L. Ed. 2d 90 (1970).

㊷ DR 7-105 (A).

㊸ *See*, *e. g.*, Lansner, *Prosecution of Juvenile Delinquents*, N. Y. L. J., Sept. 24, 1974, at 1.

在加利福尼亚州一起未曾公开报道的案件当中，据说六位检察官本来准备作证说他们认为这是没有法律价值的，而且他们将不会考虑对此进行起诉。尽管如此，因为被告有可能对警察局提起民事诉讼，这个案件最后依然被起诉。其中一位检察官的说法是："[检察官] 的职责除了起诉罪犯之外，还要保护警察；而就保护警察来说……任何一位称职的 [检察官] 本应将任何……被告可能被定的罪行都包含在内。"㊹ 该引语恰好回应了先前指出的一个观点，也就是检察官对警察有一种特殊的责任感，他们是检察官日常的工作伙伴。正如扬格教授曾经评论过的，即便一个警察的谎言在法庭上被揭穿，这位警察因伪证而被其"合作者——检察官"指控的概率就像他"被天上的雷电击中"一样低。㊺

对于这一困境，显而易见的解决之道是承认它本来的样子，也就是利益冲突的一种典型形式。因此，在任何涉及警察滥权的指控当中，应该任命一位特别检察官——他与该警察不存在日常的工作关系——来处理该警察对某公民的指控或某公民对该警察的指控。

在有关检察官角色利益冲突的一般性问题方面，ABA 标准是不能令人满意的，因为它们含糊而不具体。1.2 节规定得非常简单："一位检察官在其法定职责的承担方面应该避免利益冲突的表象或真实。《职业责任守则》否定了几种情形，他一旦未能这样做将会构成职业不当行为。""评论"当中为 DR 5-101（A）提供了一个交叉引证，该条款同样是大而化之，它规定了在律师的职业判断"将会或可能会合理地受到他自己财务、商务、财产或个人利益的影响的情况下"，受佣工作的可接受性。

在这些理由对《职业道德标准》进行批判的基础上，尤维勒教授已经起草了一个替代性的利益冲突条款。㊻ 尽管他的对

㊹ Information supplied by counsel for defendant in *California v. Macdonald* (unreported).

㊺ Younger, *supra* note 34, at 551.

㊻ Uviller, *supra* note 14, at 1164.

应文本表明，尤维勒教授并不在意与指控警察有关的利益冲突问题，但他所拟草案中的一节还是可以被读出涵盖了这样一种情形。它是指“对任何人或组织的职责或关系，如果已经对或可能对其职业生涯过程产生实质性影响或者涉及或者会受到待决问题的实质性影响”。不过，遗憾的是，尤维勒教授已提供了一个“自我评价”标准，该标准并“不完全是主观的”㊼，但也不够客观。该标准是这样表述的，检察官一定不要参与到某一刑事侦查或起诉的任何一个阶段当中，除非该检察官“合理地相信”他或她的判断将完全不会受到冲突性利益的影响。尽管对于该确信须是合理的这样一个要求来说还存在一个客观因素，但它相对于利益冲突情境中常用的标准显然要宽松得多。因此，就这一方面来说，《职业道德标准》的规定显然要更为可取，因为它使传统标准得以强化，也就是说一位检察官应该“避免利益冲突的表象”，无论事实上是否真的存在利益冲突。

检察官伦理的另一问题在纽约州律师协会最近的一场辩论中被提出。㊽ 毛里克·纳德加里（Maurice Nadjari），纽约州的特别检察官，被问到当一位检察官召集一个媒体发布会宣布某一份起诉书并且描述这些指控的内容，其行为是否恰当时，纳德加里先生表示，对于“哪些是你能告诉媒体，哪些是不能告诉的”这一问题而言没有太大的问题。纳德加里先生声称，请大家注意起诉书是一份公开的记录，因此它必然会被“披露给媒体”，这至少暗示着检察官因而有义务举行媒体发布会来宣布该起诉书的内容，“以及包括被告人先前犯罪记录在内的其他信息”。而在我看来，检察官的这一行为则是应该受到谴责的。检察官在电视摄像机面前召开媒体发布会宣布一项起诉只能服务于两个目的：被告受到了严重的诽谤，以及陪审团公正裁决的可能性在降低。因为这两个行为本身都是不恰当的。（想象一下电视上宣告对被告的家属和朋友产生的影响，该被

㊼ *Id.* at 1165.

㊽ Association of the Bar of the City of New York, *supra* note 20.

告据说被推定为无罪，而且在许多个月之后，也许会被判定无罪)。从另一方面来说，声称需要通过这样一种宣告来实现的合法目的，其实只要通过使起诉书成为一项公共记录事项便可以很恰当地实现。(当然，这一行为本身也许仅仅是对被告的严重损害，但对于避免秘密起诉权的更大滥用而言却是至关重要的。）特别是鉴于纳德加里先生对于检察官庭前媒体发布会的热切态度，该问题已经需要惩戒委员会紧急加以关注了。

检察官应该被禁止在审前对案件进行公开评论并不意味着，被告或辩方律师应该或可以合法地受到类似的限制。被告的无罪抗辩既没有像起诉书那样富有戏剧性，也没有像其那样具有教化之功。而且，正是通过提起公诉这一行为，检察官对被告实施了一个被特别授权的诽谤行为。被告必然应该被允许针对该诽谤进行尽可能即时而有效的对抗。作为政府的代理人，检察官并未因此被赋予资格而拥有第一修正案权利去谴责被告，且被告也并未因为陷入一场指控当中而被剥夺属于自己的第一修正案权利。相反，难以想象还有哪一种情境比当下情境更需要这些权利了。

当一位检察官在面向陪审团的论辩中作出了偏见性评论的时候，检察官的另外一个并非罕见的职业伦理问题就产生了。当然，除非该行为是有意为之的，否则，这并不违反职业责任。比如说，在某一个案件中，法院发现检察官的不当职业行为如此否认“执拗而又富有偏见”以至于需要基于“清楚而又具有偏见性的错误”而加以撤销。㊾ 不过，法院也许会相当合理地写道，检察官的行为也可能是“他的热忱和庭审的刺激”导致的结果，而并非基于他角色的“深思熟虑”的产物。这一点很容易理解，在庭审热烈的氛围中，当任何律师都无法基于更为冷静的反应来表示异议的时候，律师如果以同样的方式来行动的话，就不应该会预期受到纪律惩戒。换言之，更为冷静

㊾ King v. United States, 372 F. 2d 383 (D. C. Cir. 1966).

的反应极少会发生。检察官办公室几乎总是寻求在上诉阶段对定罪进行肯定，防止被告获得释放候审（release pending appeal），并且对触犯规则的检察官不至于施加内部的惩戒措施。在这一点上，不恰当的庭审行为实际上获得了许可并且变成了官方政策，这的确提升了非职业行为的地位。

这样一个通行做法的一个令人鼓舞的例外最近发生在纽约。一位被告因为谋杀罪而被审判了三次。第一次审判终结于一次悬案陪审团（hung jury），第二次则终结于无效审理（mistrial），而第三次审判的结果是一级过失杀人罪名成立，陪审团驳回了一级和二级谋杀指控。从其被逮捕起算，被告已经在监狱里待了整整六年半时光。最终，辩方发现控方隐瞒了这样一个事实，即一个重要的控方证人在所有三个审判当中都有精神病和刑事犯罪记录，而法院最终撤回了定罪。在这一点上，曼哈顿地区检察官理查德·H. 库（Richard H. Kuh）（在本案的前期阶段他还不是地区检察官）拒绝上诉并且要求法院驳回指控，其理由是进一步的起诉“将会使法院的尊严与怜悯之心受到伤害”[50]。不过，依然需要拭目以待的是对两位检察官——他们违反了在三个阶段向辩方披露信息的宪法义务——是否要采取一些惩戒措施。

事实上，检察官被惩戒是极其罕见的，哪怕是因为最显著的但还未构成刑事犯罪的职业不当行为。现在的态度似乎是说，在上诉阶段偶尔地对定罪的撤回已经是一种恰当的制裁了，尽管它当然不是。纪律惩戒委员会不愿意对公诉人采取行动的一个例证是米勒诉佩特案（*Miller v. Pate*），该案涉及对一位 8 岁女孩的强奸谋杀。[51] 在庭审过程中，检察官提交的一份证据是一条男性的内裤——据说是被告的——并且将它描述为“血迹斑斑”。事实上，尽管这条内裤上有少许血迹，但检察官向陪审团所着重强调的斑斑血迹却是红棕色的图画——而

---

[50] N. Y. Times, Aug. 24, 1974, at 1, 11.

[51] 386 U. S. 1, 87 S. Ct. 785, 17 L. Ed. 2d 690 (1967).

辩方律师对此完全一无所知，因为检察官阻止辩方进一步检视该内裤。尽管最高法院判定检察官在确保定罪的过程中“处心积虑地歪曲真相”，但申诉委员会（Grievance Commitee）却未建议进行纪律惩戒。[52]

不过，纪律惩戒委员会应对检察官职业不当行为的普遍性失败还存在一个例外。最近在哥伦比亚特区，上诉法院判定，有必要在经过一段时间之后撤回同一名检察官所确定的几项定罪，这些定罪都是其在总结陈词阶段通过煽动性语言所取得的。不过，仅仅这些撤回行为本身并不足以对检察官构成震慑，让其知道其行为是不恰当的。在给律师协会委员会（Bar Counsel）的一封信中，他抗议说他的庭审策略都是高度职业化的。律协委员会的决定是对检察官个人予以谴责；并且告诫美国检察官说他的办公室寻求在上诉阶段对一项定罪加以肯定是非职业的，如果该项定罪是通过其办公室成员个人显然不当的职业行为获得的话。除此之外，纽约市律协最近已经敦促说，当检察官参与到非职业行为的时候，合格的申诉委员会“应该富有尊严地对此类问题进行调查并采取行动”。而且“律协应该鼓励辩护律师和法官举报控方的不当行为案例，并尽可能地对这些案件加以追踪”。律师协会特别指明了其他救济措施，比如依赖内部惩戒或在上诉阶段予以驳回，已经被证明是不恰当的。“因为每一个律协都坚持说一名检察官首先也最重要的是一位法律人，这就意味着当他违反那些被确立来指引其法庭表现的标准时，应该寻求的是职业控制。”[53]

---

[52] *See*, Alschuler, *Courtroom Misconduct by Prosecutors and Trial Judges*, 50 Tex. L. Rev. 629, 671-72 (1972).

[53] N. Dorsen & L. Friedman, Disorder in the Court 187-88 (1974).

8

庭审律师的资格认证

对法学院和年轻律师的一个常见的抱怨可以通过庭审律师F.李·贝利（F. Lee Bailey）以下这段话表述出来：

> 大多数法学院几乎不教或完全不讲授交叉询问。对于交叉询问的方法与原理应该有一些课程，而且这些课程应该紧跟在实习期（practice sessions）之后。相反，新律师则必须以真实的客户为代价在真实庭审当中去学习交叉询问。对于我来说，这就像让医学实习生用活人而不是用死尸来练习外科手术一样。

令人诧异的是，这段引语来自贝利先生对他自己在托索（Torso）谋杀案当中真实的娴熟的交叉询问的一个描述。① 尽管贝利先生并未意识到这其中的反讽，也就是说当他仅仅离开法学院三个月他便掌握了高超职业技艺的精髓，而且尽管事实是，他在之前从来不曾在陪审团面前对一位证人进行过交叉询问。不幸的是，沃伦·伯格大法官也曾表述过类似的观点，他曾呼吁诉讼律师应该有一个认证，该呼吁是建立在以下预测的基础上的："在办理严重案件的律师当中，大约有1/3到1/2的律师并没有能力去进行完全恰当的代理。"②

贝利先生和首席大法官让我想起我父亲的朋友莫（Moe），他的意见就是这样的。我父亲曾经说过，如果莫在他父亲之前来到这个国家并且他的观点获得认可的话，那么莫的父亲就永远不会被允许移民。与此类似，如果贝利先生和伯格首席大法官的严格准入观点在他们进入律师界之前被采纳的话，则贝利先生也许永远无法在其第一件案件中进行辩护，而一个未被认可的夜校法学院的毕业生也许永远不会有机会成为美国的首席大法官。

在我提出与首席大法官和贝利先生的分歧观点之前，我应

① F. L. Bailey & H. Aronson, The Defense Never Rests (1971), reprinted in Great Courtroom Battles 43-44 (Rubenstein ed. 1973).

② Burger, *The Special Skills of Advocacy: Are Specialized Training and Certification of Advocates Essential to Our System of Justice?*, 42 Fordham L. Rev. 227, 234 (1973).

该先强调一下我们都赞同的主要议题。首先，无效辩护的行为是可耻的，也是不可原谅的。其次，法学院承担着为庭审和上诉论辩提供训练的重大责任，与此同时，像会见和咨询这样与客户定位相关的技能，也是法学院提供训练的目标。

不过，非常清楚的是，当前正在进行的争论绝大部分忽略了在过去的十或十五年法学教育已经取得的进展，更不要说过去的三四十年了。比如说，纽约郡律协在最近给纽约法学院的院长们发的一封信里建议说，或许可以讨论将法学院课程调整一下，将一门初审或上诉审论辩课程——至少作为选修课——包含在内。当然，法学院事实上（主要通过“职业责任法学教育委员会”的协助）已经在开发教授诉讼技能的课程与方法论方面取得了巨大的收益。比如说，在霍夫斯特拉法学院——它在这方面非常典型——有十多个诊所项目和课程，其中包括邻里法律办公室，在这里，学生们可以在老师的指导下会见客户，起草答辩状，研究并撰写摘要以及出庭。除此之外，律师技能和职业伦理在传统的实体法课程当中也日益得到强调。我的要点并不是说在法学教育需要改进之处有理由自我满足了。的确，在纽约，上诉法院的规则严重限制了法学院在扩展法学诊所教育方面的努力。不过，显而易见的是，在应对不适格执业者方面，主要的改革机会并不在于进一步改进法学院的课程表与方法论，而在于其他方面。

资格认证也并非解决伯格首席大法官那些抱怨的良方——当然不是，至少，在几个关键问题获得满意回答之前不是。谁来进行认证？谁将来对认证者进行认证？标准是什么？如何避免导致对年轻律师的剥削（被强迫作为老律师的学徒）？从律师界那些“经验丰富”的成员阶层来看，需要采取哪些步骤来降低不适格诉辩，特别是考虑到这样一个事实，即抱怨已经被引向那些已经在执业的人群？

为了例证最后一点，纽约州庭审律师协会的成员们也许有1/3到 1/2 是不适格的——如果我们接受首席大法官在这一问题上的权威观点的话，但他们当然并不愚蠢。作为对首席大法官进行认证之呼吁的即时回应，纽约州出庭律师协会提出了一个认证项目，并且附之以一条祖父条款（grandfather clause）* ——该条款的效力将使一部分律师不需要进行认证，而正是这些律师过去的表现催生了认证是需要的这样一种观点。

当前认证建议最为令人诧异的一个方面是将重点放在诉讼律师身上。事实上，有一种强烈的愿望是将所有的认证首先限制在庭审实践的准入上。③ 不过，当然也不能推测说绝大多数从未到过法庭的律师——那些从事像起草遗嘱、规划不动产、撰写合同、对商业风险投资提供咨询或者报税准备等办公室业务——的能力水准要更高一些。事实上，诉讼律师一个至关重要的方面是其最不需要进行认证，因为只有诉讼律师在首席大法官所称的法庭的“金鱼缸”里进行操作④，需要经受来自公众、其他律师以及——最为重要的——法官自身的密切而又持续的审查。

这就慢慢带进了我的主要观点。如果 1/3 到 1/2 的诉讼律师是不合格的，如果律师无法处理分配给他们的刑事案件这一现象“经常发生”的话⑤，如果伯格首席大法官在 18 年的法

---

* “Grandfather Clause”，即祖父条款，也称为祖父法则、不追溯条款，大意是指颁布实施一项新的法律，对于过往存在已形成的事实可以不受新法律的约束和影响，新法律只适用于现在和未来发生的情况。“Grandfather Clause”源于 19 世纪晚期，当时美国南部各州通过法例以人头税及读写能力测试来评定选民资格，以限制黑人、美洲原住民、墨西哥裔美国人及部分文盲和贫穷的白人拥有选举权，但同时为保障其他大部分白人的选举权，法例规定那些在南北战争前已经拥有选民资格的人及其后代不受新法例的约束，可继续拥有选举权。这些受惠于新法例的选民与战前的一辈相差了大概两代人，“Grandfather Clause（祖父条款）”一词由此产生。后来随着历史的进步和发展，美国已逐步废除了带有种族歧视的不公平法律，但“Grandfather Clause（祖父条款）”作为一种法不追溯的立法精神，一直被美国乃至世界各地所遵循，甚至在法律之外的行业同样适用。参见如下网址：http：//eb5. mcdvisa. com/html/ls/15121812GF. html。——译者注

③ *Id.* at 239.

④ Burger，*A Sick Profession*?，27 Fed. B. J. 228 (1967).

⑤ Burger，*supra*note 2，at 231.

庭生涯中的确看到了数以百计——如果不是千计的话——的由不合格律师造成的“正义误送”⑥ 的话，那么谁最有能力为此做些什么呢？谁在事实上有宪法和伦理上的责任去做些什么？答案是显而易见的：伯格首席大法官和他那些坐在法官席上的同事们。⑦

不过，相反，实际上既不是首席大法官也不是其他法官承担起这最基本的责任。的确，对于一名法官来说，以不适格为理由寻求对一位律师进行惩戒是非常罕见的，即便对于一名律师来说，接受一件他/她没有能力处理的案件是不够职业的⑧，即便法官有义务去阻止不够职业的行为⑨，以及防范对于像有效辩护权这样一些宪法保障的侵害。⑩

事实上，法院恰恰在朝着相反的方向“走”。他们给被告施加了一个“沉重的负担”⑪，让他们对无效代理保持一种诉求，因为无数的案件从来不曾被上诉，而在大多数提起上诉的案件中，不适格的律师被“证明是正确的”。这一沉重的负担要求委托人去证明的并非仅仅是律师是无效的或不适格的，而是律师是“极其无能的”，而且不过是在展示一出“闹剧”而已。⑫ 即便被告的律师被证明为“智力存在缺陷而且心智不健全”，这“可能”构成撤销的理由但并不确保一定会如此。⑬比如说，在某一个案件中，被告的律师并没有一间办公室，还是一位慢性酗酒者，并且被法庭传唤令传唤到法庭上来。由于

---

⑥ *Id.* at 238.

⑦ *See*, U. S. Const., amend. VI; American Bar Association, Canons of Judicial Ethics, Canons 3, 11.

⑧ DR 6-101 (A) (1); EC 6-1, 3; EC 2-30.

⑨ American Bar Association, Canons of Judicial Ethics, Canons 11.

⑩ *Id.*, Canons 3.

⑪ Harried v. United States, 389 F. 2d 281 (D. C. Cir. 1967) (Burger, J.).

⑫ *See*, United States *ex rel*. Maselli v. Reincke, 383 F. 2d 129, 132 (2d Cir. 1967).

⑬ *See*, United States *ex rel*. Pugach v. Mancusi, 310 F. Supp. 691, 716 (S. D. N. Y. 1970), *aff'd*, 441 F. 2d 1073 (2d Cir. 1971), *cert. den.*, 404 U. S. 849, 92 S. Ct. 156, 30 L. Ed. 2d 88 (1971).

上诉法庭的合议庭是这个国家里最为自由的合议庭之一，当被告的定罪被维持的时候，他对一张反对票表示满意。⑭

因此，法官非但未能揭露律师的非适格性，雪上加霜的是（或者说是因为）即便得到辩护的宪法权利被剥夺，法官也不愿意撤回定罪。这个问题在这一点上正在被纽约南部地区的美国地区法院的“去认证化”做法所例证。⑮ 一个由联邦法官组成的刑事司法法案合议庭已经通知几位律师说：他们对案件的处理是如此的糟糕，以至于他们将不会再被继续分配案件了。但是没有一位曾由这些律师代理的被告的定罪基于这样一个理由而被撤销（就像应该被自动完成那样），也没有任何一位被告曾被告知法官认为他们的律师缺乏适格性的意见。

第二巡回法院最近的确宣布了一项“确保辩护律师”将根据《职业责任守则》来“履行他们的义务”的意图。⑯ 不过，遗憾的是，一开始根据该政策来裁判的两个案件就表明，这一政策在实践中的局限性有多么大。在第一个案件中，辩护律师并非因为不适格的代理而受到责难，而是在总结陈词阶段过于热忱所致。⑰ 在这一方面，我们可以记下首席法官欧文·考夫曼（Irving Kaufman）所观察到的情况：“对抗制程序并没有受到过于热忱的律师的威胁，而是受到自满的律师的威胁。”⑱ 第二个案件则是这样的：法院是基于其他理由而将案件发回重审，所以对于律师之不适格性的认定对被告的权利并未产生实际的影响。⑲ 因此，在司法实践当中，对无效代理之容忍发生

⑭ United States v. Simpson, Crim. No. 24, 817 (D. C. Ct. App., Jan. 26, 1973) (opin. per cur., Wright an Leventhal, J.; dissent by Bazelon, C. J.).

⑮ *See*, Burger, supra note 2, at 240, n. 24.

⑯ *See*, Second Circuit Court Critical of Defense Counsel, N. Y. L. J., Jan. 22, 1974, at 2, col. 3.

⑰ *See*, Second Circuit Court Critical of Defense Counsel, N. Y. L. J., Jan. 22, 1974, at 2, col. 3.

⑱ N. Y. L. J., Dec. 7, 1973, at 5, col. 3.

⑲ N. Y. L. J., Jan. 22, 1974, at 4, col. 5. *But, cf.*, the commendable decision by Bauman, J., in *Johnson v. Vincent*, reported in N. Y. L. J., Feb. 4, 1974, at 1, cols. 6-7.

重大变化的可能性似乎很小。

总而言之：(1) 法学院应该继续开发用来更为有效地训练学生各个领域律师技能的方法论与课程；(2) 资格认证顶多是一种令人怀疑的救济方式，但如果采取这一方式，那么它既应该被适用于那些现在正在执业的律师，也应该被适用于那些从来没有机会上庭的律师；(3) 应对律师之不适格性，最有效的救济手段是让法官接受“批判并矫正非职业行为”以及“支持联邦宪法以及……无畏地奉行并适用基本……保障措施”的职业伦理义务与宪法义务。[20] 简而言之，首席大法官——他宣称已经目睹了无数的由于代理的不适格所造成的“正义误送”，但他似乎并未在任何一起误判中采取什么矫正措施——也许应该看得更真切一些，这样才能为其抱怨获得更好的“药方”。

⑳ American Bar Association, Canons of Justice Ethics, Canons 3, 11.

9

大不列颠优越性的神话

在对美国律师界的评论当中，尤其在有关诉讼律师资格认证建议方面的讨论中，常常回响着这样一种论调，也就是，英国律师尤其是英国的出庭律师（barrister）要比美国的诉讼律师更为优越。① 比如说，有人曾提出说，作为一个群体的英国出庭律师的优越性不仅体现在他们的论辩质量上，还体现在他们的“职业伦理、行为习惯以及举止风度”上。② 经过研究③并通过与英国律师和法官的讨论以及个人观察，我对这两方面都不敢苟同。

尽管先前有人已经指出英国现任王座法庭首席大法官是一位工人之子④，但一个人的样本是一个小概率事件，也完全不典型。在这个职业的准入门槛方面，阶级地位和“熟悉的校友关系”则是首要的考虑因素。要成为一位事务律师（solicitor），某人需要先被一家事务律师事务所遴选为一名签约实习职员（articled clerk）；要想成为一名出庭律师，某人必须被一组律师楼（Chambers）（也就是说，一群出庭律师共享着同一栋楼的许多办公室）遴选为见习律师（pupillage）。根据牛津大学任命委员会1968年的年报，在获得事务律师实习生资格方面，拥有“正确的父亲”常常比任何其他因素更为重要。⑤ 而在律师界，这种境况甚至更为糟糕，因为执业律师人数和律师楼的数量都是极为有限的。⑥

因此，正如可以预期的那样，在律师界，对那些出身卑微

① *See*, *e. g.*, Burger, *The Special Skills of Advocacy: Are Specialized Training and Certification of Advocates Essential to Our System of Justice*? 40 Fordham L. Rev. 227, 227-30 (1973).

② *Id.* at 229.

③ *See*, *e. g.*, M. Zander, Lawyers and the Public Interest (1968); M. Zander, Cases and Materials on the English Legal System (1973); Q. Johnstone & D. Hopson, Lawyers and Their Work (1967); Kaplan, *An American Lawyer in the Queen's Court: Impressions of English Civil Procedure*, 69 Mich. L. Rev. 821 (1971); Cohen, *The British Legal Association at Bath*, 118 The Solicitor's J. 325 (1974).

④ Burger, *supra*note 1, at 229, jn. 5.

⑤ Zander, *supra*note 3, at 31.

⑥ Id.

的、少数族群和妇女都存在严重的歧视。⑦ 我曾经偶然造访一家律师楼，就被不同名字的有趣混合震惊了。有些是非洲人，有些是印度人，有些是犹太人，还有一些是英国人。我发现，带有英国人名的出庭律师都是女性。这一奇特的律师楼中的一位成员告诉我，这个律师楼拥有的少数族群和女性成员要高于伦敦市的其他律师楼。尽管他可能有所夸大，但他在指出这一点时是非常严肃的，并且面带不满的神情。

除此之外，成为一名出庭律师的费用要远高于进入英国其他职业所需的费用。律师界学徒的费用因为“遵守修业学期”（keeping term）的要求而进一步加剧，这项要求意味着一个学生在三年的时间内必须在会馆的礼堂（其实就是一个俱乐部）里参加晚宴达到一定的次数。这种做法其实完全没有任何教育价值。⑧ 晚宴之后，的确会有一些讲座或模拟法庭，而这种“具有几世纪悠久历史的……论辩学派”被说成是英国优越性的一个原因。⑨ 不幸的是，据一位亲身经历这一“折磨”的人说，演讲和模拟法庭都是自愿的（这与晚宴不同），因为它们就被“大多数学生所逃避，这些学生在晚宴结束的那一刻便逃之夭夭了”⑩。

还有一种观点认为，见习律师制度使英国律师界的学生比美国法学院的学生接受了更好的训练，因为在见习律师制度下，律师助理受到了执业出庭律师的培训。不过，这种观点中其实隐藏着很强的循环论证。只有当提供培训的出庭律师曾经受过很好的训练时，见习律师才可能取得成功。除此之外，出庭律师还必须有时间也有能力来教他。不过，我严重怀疑大多数英国出庭律师是否有资格成为较好的美国法学院教师中的一员。而且，根据见习律师制度的要求，出庭律师个人除非全职

---

⑦ Id.

⑧ *Id.* at 33-39.

⑨ Burger, *supra* note 1, at 228.

⑩ Zander, *supra* note 3, at 37.

投身执业，否则，还需要运用其所有专业知识去承担一位法学院教师的完全的工作量。而且，出庭律师被设定在不到一年的时间里进行指导，而美国法学院教师则花费三年时间来完成这一任务。

职业的晋升同样受到严格的控制。一位出庭律师在被任命为王室法律顾问（Queen's Counsel）之前都属于“初级”(junior)，无论其年龄如何。而一个人成为王室法律顾问并不因此而成为一名公共官员，而仅仅是在律师界取得了更高的地位而已。不过，从初级到王室法律顾问的晋升，则主要由一名公共官员也就是御前大臣（Lord Chancellor）来控制（他会征求其他法官——常务次官（Permanent Secretary）、检察总长（Attorney General）、副检察长（Solicitor General）——的意见）。遴选的过程是“基于非客观的基础或原则”，而且已经被戏称为年度“牲口市场”（cattle market）⑪。最终，被任命为法官的几乎都是从王室法律顾问中产生的。

因此，正如人们可以预期的，英国律师界以社会同质化和举止一致化著称，而缺乏对律师或法律机构“团团伙伙”（fellow）加以批判的倾向。

而且，事务律师与出庭律师这样一种二元系统已经产生了许多极其糟糕的结果，而几乎或完全没有所声称的优点。客户必须因此而支付更多的金钱，因为他们必须为同一诉讼雇用两位律师。为案件做准备的律师即事务律师并非那位在庭上处理案件的律师，而事务律师往往是在缺乏来自出庭律师指引的情况下完成了工作。在法庭对证人进行询问之前，出庭律师不会见到证人，委托人除外。在民事案件中，庭前证据开示的范围要远低于美国的，这就意味着对案件无法充分地进行准备，而庭上的“突袭游戏”——不同于探求真相——要常见得多。由事务律师准备的庭审摘要常常是草草完成的，而出庭律师也常

⑪ *Id.* at 132.

常在出庭前一晚上才匆匆阅读，但其中一方对另一方不恰当表现的批评则非常罕见。由于出庭律师与事务律师常常缺乏合作，得出的结论便是："委托人所获得的将是两个世界最糟糕的那一部分。他为两队律师支付了费用，却未能获得双重审查的好处或者共享信息的优势。"⑫

围绕着出庭律师与事务律师之间的关系，二元系统同样产生了一些奇特而有趣的规则，因为事务律师选择出庭律师来作为他们的客户。因此，一位"习惯流连于咖啡馆或高级餐馆"的出庭律师会"自降身份"与一位事务律师助理混在一起。不过，一位出庭律师最好的朋友中也许就有事务律师："千万不要想到这样一个时刻：我会轻视事务律师与出庭律师界成员之间的友谊。这个职业的两个分支都是一样的好，而且我敢说我们中的大多数已经与事务律师们建立了终身的友谊……"⑬

在刑事案件的审判中，还存在一些特殊问题。个人执业的出庭律师被警察选中去对案件进行起诉。这种聘请产生的费用已经成为一名出庭律师尤其是年轻出庭律师收入中重要的甚至是至关重要的一部分。出庭律师并不享有决定是否起诉的裁量权。他们是被雇用的"枪手"，在警察的指引下进行起诉。如果一位出庭律师——无论基于何种理由（包括对被告人罪行的怀疑）——没有以警方满意的方式去起诉的话，则该出庭律师将不会再被聘请。甚至更为严重的是，一位在为被告提供服务时用力过度——在警方眼里——的出庭律师，从此以后很难获得有价值的起诉聘请。这样一些难题带来的一个结果是，一群关注司法的名流建议英国采用"苏格兰制度"中独立于警方的公诉人。⑭

换一个视角来看，先前所提到的英国律师界成员的良好方式也许不过是一种不够职业化的工作方式而已。律师界成员的

---

⑫ *Id.* at 304-05; *See also*, Kaplan, *supra* note 3.

⑬ J. Singleton, Conduct at the Bar 12 (1969).

⑭ Justice, The Prosecution Process in England and Wales (1970).

遴选过程、律师界内部的晋升方式，以及通往法官席的途径，还有成为“校友俱乐部”成员所带来的压力等所导致的结果便是，一位英国事务律师相比于美国律师来说，对对方律师和法院的错误更为宽容。我曾经与一位经验丰富的英国出庭律师聊过，他当时在美国已经居住两年了。他告诉我，他曾经认为他将会享受在这个国家尝试办理一个案件。不过，他说道，在参加两三次美国庭审之后，他意识到他无法胜任在这个国家的案件诉讼。“我就是无法摆脱一连串的追问”，他解释道，“你们完全没有像我们那样彼此好好相处”。

我自己对英国庭审的观察也佐证了这样一种评论。我立即并且不断地被这样一个事实所震惊：律师提出诱导性问题、争议性问题、引出传闻与意见，甚至对陪审团作出具有偏见性的歪曲，对立方律师对此却无半点异议之词，法官对此也泰然处之。当然，所谓的“论辩技巧”可能仅仅是诉讼快速进行（“……他们庭审的进行仅仅是我们所花费时间的一小部分而已”）的一个参照而已。⑮ 不过，这种技术似乎并不需要复杂精细的训练，也不需要现在所呼吁的那种资格认证。而且当司法管理成为一个问题的时候，人们会犹豫在快速与优秀之间画上一个等号。

除此之外，当律师主要关注的是不要冒犯法官和对立方时，客户的利益必然受损。由此导致的结果更能为英国的出庭律师而不是美国的诉讼律师所接受，因为前者与客户的距离要相对遥远一些。的确，出庭律师将他们对客户以及客户案件的冷漠当成一种受人尊重的标志。一位出庭律师得意地告诉我，在他整个职业生涯当中仅仅只有一次关注他客户的案件到底是赢了还是输了。这种冷漠的一个常见结果就是部分客户的疏离感与不满，这会反映到事务律师的抱怨上，当出庭律师（“一群没有血色的家伙”）进入一个案件的时候，他们与其客户的

⑮ Burger, *supra* note 1, at 228.

融洽关系可能受到不利的影响。

还有一种观点认为事务律师—出庭律师二元系统的一个主要优点在于，消除了美国律师面临的最难的问题之一，也就是律师能否合理地引出自己明知的伪证。由于出庭律师从事务律师那里“取得诉讼摘要”，并且不会直接与证人打交道，出庭律师因而基本上与像最初提出的案情内在的自相矛盾或对归罪性信息的供认这样一些麻烦事相隔离。不过，与出庭律师和事务律师的讨论将佐证我某一时刻的反思：明知伪证的难题并未被二元系统所消除；它仅仅是被退后一步罢了。也就是说，出庭律师知道或有理由知道某一证人正在作伪证的可能性更小了，而这只是因为出庭律师被事务律师保护起来而已。不过，事务律师依然知道有没有给出“前后矛盾的介绍”。因此，出庭律师的“裙子”也许干净了一些，但这个难题并未从这一制度体系中消除。

的确，对证人进行训练以按照最有利的方式来改造证言甚至到了剪裁真相的地步，这种做法在二元系统下被加剧而不是被消除。迈克尔·赞德尔（Michael Zander）教授已经观察到：这个职业的分流鼓励了每一方（即事务律师和出庭律师）都去尽量避免为所发生的事承担责任。事务律师也许会向证人暗示说其证据以某种方式更能够被接受，并且能够通过这样一种反思来安慰他自己的良心：在法庭上对证人进行询问并不是他的职责。出庭律师也许会怀疑证人的故事是否就是完全的真相，但他可以回避这样一个道德问题，因为他自己完全没有经手过证人的出庭准备工作。⑯

除此之外，出庭律师在与客户的会议（这种会议允许事务律师出席）中也许会沉迷于“选择性忽视”这样一种做法（这已经被美国律协标准称为“肆无忌惮的”）。⑰ 再次援引迈克

---

* 布赖顿是英格兰南部一处著名海滨胜地。——译者注

⑯ Zander, *supra* note 3, at 284-85.

⑰ See, pp. 35-36 *supra*.

尔·赞德尔的说法："在会议期间，出庭律师有时候意识到某一特别的询问路线正在被引向潜在的'无益的'方向。"如果他及时意识到这一点的话，他常常"会表示说对于这一问题他不想再听到更多的东西"。而且，出庭律师可以以一种尽量回避"棘手回应"的方式来对问题进行架构。正如赞德尔教授指出的："这被认为是极为恰当的。"他总结说："在这样一些案例中，很难对我们制度的道德优越性自以为是。"尽管出庭律师"并未直接牵涉到客户的谎言或半真半假当中……但他也难以完全置身事外"⑱。

英国律师也无法超然于在某一案件中创造并提交虚假证据。比如说，直到最近，离婚的唯一理由是通奸。这样就发展出一种被称为"去布赖顿*"的做法。在一起无争议的离婚案件当中，事务律师也许会雇用一名女子陪伴那位丈夫一方去布赖顿的海滨聚集地。在那里，这位丈夫与该名女子登记入住一家宾馆，一起坐在房间里，待上半小时抽根烟，然后返回。宾馆的登记记录就这样被引入成为通奸的证据，尽管出庭律师还有事务律师都知道实际上是怎么回事。一位广受好评的事务律师告诉我，对于事务律师来说，其实不会真的有必要去雇用女子跑这么一趟。如果是为无争议离婚案件中的丈夫一方提供代理的话，他的做法是建议丈夫一方去找一份恰当的宾馆记录，这样会使事情变得更为容易。随后（常常是下一个周末），这位丈夫将为该事务律师提供一份用于证明通奸情形的开房记录。当我提出来说他已经参与制造虚假证据或者——如果必要的话——他已经教唆实施通奸罪的时候，这位事务律师似乎被逗乐了——或者是茫然了。

英国并没有像美国和加拿大那样将规制职业伦理的规则进行法典化。法学会（Law Society）已经采纳了六条规则，其中有四条是实体性的，这就是《事务律师执业规则》（The

---

⑱　*Id.* at 284-85.

Solicitor's Practice Rules)。所有这些规则都是行业协会或贸易协会类的，主要规范像广告行为以及低于某一固定费率进行收费等行为。也有一些有关“职业行为与礼仪”的小册子，但大部分都是非常浅显的，提供不了什么指引，也几乎没有什么分析。⑲ 而且，就一些难题上所采用的确定立场而言，它们常常与在《职业责任守则》和《与起诉和辩护功能相关的美国律师协会标准》（ABA Standrds Relating to the Prosecution and the Defense Function）中所表述的规则发生冲突。

正如前面章节已经讨论过的，通过采用这样一种立场，也就是即便是客户向律师作出的供述也可以被置之不理，由法学会所发布的指引事实上消除了律师是否应当提交明知的伪证这样一个问题。只有当事务律师“真的被无法抗拒的驱使”像客户是有罪的这样一个结论，事务律师才应该避免去提交那些与某一自白不相一致的肯定性证据。⑳ 即便在一个民事案件当中，一旦涉及教唆客户之外的证人作伪证，法学会已经采取了反对披露的立场。在某一个案件中，为客户挽回损害的事务律师们在案件结束后被其客户告知说，其中一位证人收了客户的钱，提供了虚假的证据。法学会建议这些事务律师说他们应该在后续案件中拒绝为该客户提供代理，但认为他们没有披露该伪证的自由。㉑

出庭律师的主要教科书是由 W. W. 博尔顿（W. W. Boulton）撰写的，他是律师界理事会的干事。博尔顿先生写道：“任何对法庭的欺骗都必须被避免。”不过，如果一名客户在庭审结束之后、法庭作出判决之前告诉出庭律师说他已

---

⑲ *See*，W. W. Boulton，A Guide to Conduct and Etiquette at the Bar of England an Wales (5th ed. 1970)；T. Lund，A Guide to the Professional Conduct of Solicitors (1960)；J. Singleton，Conduct at the Bar (1969).

⑳ Lund，*supra* note 19，at 106.

㉑ Id，at 105.

经实施了伪证行为，“如果律师将此情况告诉法庭的话，则背离了他对其客户的义务”。该律师被允许在那一时刻从案件中退出，但没有被要求必须这么做。博尔顿先生也采取了这样一种立场：在一起刑事案件中，律师没有义务去纠正由控方提交给法院的任何信息，如果这样一种纠正可能会对客户造成损害的话。㉒

奇怪的是，博尔顿先生甚至并未提出这样一个问题，即当律师获知客户意图在某一刑事案件中作伪证时该如何进行下去*，尽管他意识到“每个被告都有权决定是否给出证据来为自己辩护”，而且“正是被告自己来作出这一决定的”㉓。当我问他如果客户的决定是作伪证出庭律师应该怎么办时，博尔顿先生给我的清晰印象是他对这一问题没有太多的思考，但他的确说如果客户坚持作出这一决定的话，律师应该寻求撤出。如果他被拒绝撤出的话，博尔顿先生说，他“不太确定”接下来该怎么办。不过，他最后指出，到时他将按照通常的方式前行。当然，令人震惊的并非博尔顿先生最终表述的具体结论的价值，而是他作为律师界理事会的干事以及《律师界行为与礼仪指引》的权威作者，对于这样一个根本性问题居然如此不甚关注。

总而言之，我认为无论在职业技能还是在职业伦理方面，说英国律师界优越于美国律师界，只不过是个神话。就诉讼能力而言，我的预测是作为一个群体的出庭律师赶不上美国的诉讼律师。而且，英国和美国都存在同样的职业伦理难题，这些问题并未因为二元系统而有所缓解。除此之外，也没有一个融

---

* 博尔顿先生仅仅在“婚姻法程序”这一标题下面提供了一个与提交伪证相关的例证：“……律师有权为一位承认自己实施通奸行为的女性而出庭应诉，也有权提出她之所以‘红杏出墙’的理由并且提交证据来支撑这一理由。而不能做的事则包括提出一个肯定性案件理由表明他的客户并未构成通奸罪，或者提交任何他必然知道是虚假的但与其客户供述相关的证据。” Boulton，*infra* note 19，at 76.

㉒ Boulton，*supra* note 19，at 74，76.

㉓ *Id.* at 76.

贯的规则体系来规范职业行为，在英国，相关主题的少数文献基本上都不太成熟而且缺少实践性分析。尽管我们国家在这方面也没什么值得自满的，但如果将英国实践当成一个指引那就大错特错了。

10

通往法律系统：追逐救护车的职业义务

欧内斯特·吉恩·冈恩（Ernest Gene Gunn），一个五岁的男孩，由于约翰·J. 沃谢克（John J. Washek）的过失行车行为而身受重伤。事故发生后不久，来自沃谢克先生的保险公司的一位理赔员便来这位男孩家里拜访了他的母亲。这位理赔员告诉她没有必要请一位律师，因为只要该男孩不需要医生的治疗之后，保险公司将立刻进行结算；如果冈恩女士那时候不满意的话，则可以请一位律师并提起诉讼。

这位男孩的伤势如此严重，以至于需要医生治疗长达23个月。在那段时间的后期，冈恩女士反复努力去联系那位保险公司的理赔员，但发现再也联系不上了。这个时候她才请了一位律师，该律师很快为其提起了诉讼。不过，冈恩女士的孩子再也没有在法庭上获得申辩的机会，因为保险公司的律师成功地获得了一个两年的法定时效法令（statute of limitations）。①

冈恩案例证了职业伦理的两个重要问题。非常遗憾的是，这两个问题从来没有得到过律协组织的恰当处理。不过，还是让我们先来处理一下职业责任的一些初步问题。

如果保险公司的律师对理赔员的行为一无所知，那么提出法定时效法令的辩护意见并没有违背职业伦理的地方。客户有权享有提交任何有利法定抗辩的利益。② 不过，基于本案的不公正背景，该律师至少应该敦促该公司放弃申请法定禁令，这才是完全合理的——确切地说是职业伦理所要求的。③ 而且，在像这样的一个案件当中，律师完全可以理直气壮地拒绝接受聘请，因为律师并没有义务——与社会公众认识相反——去接受（这不同于继续办理一个已经接受的案件）一个要求律师以

① Gunn v. Washek, 405 Pa. 521, 176 A. 2d 635 (1961); M. Freedman, Contracts 245 (1973).

② DR 7-101 (A) (1); EC 7-1, 7-4, 7-8.

③ EC 7-9, 7-8.

冒犯其自身判断的方式来办理的案件。④ 的确，如果律师个人对于某一特定问题的异议足够强烈的话，则该律师有义务拒绝接受该案件，因为会出现潜在的利益冲突。

但是，如果律师事先意识到（或促成了）该理赔员的行为呢？一位律师参与到策划欺诈一位外行者而完全背离了有效代理的方向，这种行为将会构成代理或协助客户中的欺诈，从而违反《职业责任守则》。⑤ 不过，有理由相信，对于某些律师来说，无论是单独行动还是与保险理赔员合谋利用权利请求人的疏忽大意并且误导他们去放弃法律权利，都并非罕见。不过，律师也很少——如果有的话——因为对职业知识和技能的滥用而受到惩戒。

相反，律师界惩戒的要旨被引向了去限制外行人了解他们权利的知识以及他们通往法律补偿的通道。比如说，在冈恩女士奋起消除保险理赔员欺诈行动之效果却未能如愿之后，费城律协的调查委员会则花费了 125 000 美元对原告律师对客户的"不道德的"教唆行为进行了调查。结论性报告承认代表原告"与［保险］公司的理赔员打交道"是有需要的，但却随意地提出说这个问题可以通过"采取对部分保险公司的约束措施"便足以应对。⑥ 该报告也承认，汽车救援公司听从警方召唤第一个到达事故现场将受损害车辆搬走的恰当性和"社会价值"，但它却完全没有发现引向保护受伤害人员法律权利的这样一种类似努力的正当理由。⑦

当然，对律师为人们行使权利提供建议的努力进行干预的惩戒行为的基础是美国律师协会守则对于广告和教唆行为的谴

---

④ EC 2-26；DR 2-109，2-110（C）（1）（e）.

⑤ DR 7-102（A）（7）；see also，DR 7-102（A）（1）.

⑥ Jaffe，Report to the Committee of Censors of the Philadelphia Bar Association of the Investigation into Unethical Solicitation by Philadelphia Lawyers 41（March 1，1971）. 这份报告也提及了救济性诉讼的可能性，但律师协会似乎未曾作出什么努力来迈向这一目标。

⑦ *Id.* at 40.

责。⑧ 这些条款延续了那些源远流长的反对揽讼、助讼和挑词架讼行为——通常被称为“追逐救护车”或挑起诉讼——的诸多规则。

此类规则的一个常见理由是说广告会导致虚假主张和误导性主张的泛滥。不过，为什么律师会比其他服务或商品的卖家更容易参与到此类不诚实活动中，其中缘由却从未被清楚地表达过。同样从未曾被解释的还有，为什么能够对职业名片的尺寸和内容进行规制——现在就是这么做的，却不可能对律师的虚假和误导性广告进行规制。非常清楚的是，反挑唆规则主要是为了限制律师之间的竞争。例证就是允许律协为其律师分派服务而在某家报纸上做广告。⑨ 法院在其判决中明确阐述其理由说，广告真正的要害之处在于律师之间的竞争，而当律协作为一个整体来做广告时，则不会出现这一问题。⑩

不过，并不奇怪的是，有许多主流的学者在对反挑唆规则进行批判的时候，认为其既与职业伦理无关，也区别于哈佛法学教授安德鲁·考夫曼所称的“行业协会规则”⑪。也就是说，它们被指引去反对竞争，而不是为了公共利益而捍卫道德标准。其他的权威学者也同样强调这些规则在于保护既有律师和大型律师事务所免受来自年轻律师和小型律师事务所方面不可欲竞争的效果。⑫

不过，还有一些人反对向客户发布广告的理由在于“让职业自掉身价”，美国律协《职业责任守则》告诉我们：“历史已经表明，社会公众对法律系统的信任最好通过严格的、自我设

---

⑧ DR 2-101-105.

⑨ Jacksonville Bar Ass'n v. Wilson, 102 So. 2d 292 (Fla. S. Ct. 1958). *See also*, EC 2-9.

⑩ *Id.* at 295.

⑪ Kaufman, *The Lawyer' New Code*, 22 Harv. L. Sch' l Bull. 19 (1970).

⑫ Shuchman, Ethics and Legal Ethics: The Propriety of the Canons as a Group Moral Code, 37 Geo. Wash. L. Rev. 224 (1968); Cohen, Confronting Myth in the American Legal Profession: A Territorial Perspective, 22 Ala. L. Rev. 513 (1970).

置的控制来实现，而不是通过无底线的广告行为。”⑬ 不过，没有历史方面的引证来支持这一论断。与此类似，前面所提及的费城报告提出，对客户进行违反规则的挑唆已经加剧了社会公众对律师界的不满。⑭ 事实上，相反的结论也许同样正确——也就是说，对律师界的不满主要源于律师们的冷漠，也源于他们无法接近他们致力于服务的那些人。

比如说，在一项由爱丁堡大学两位法学教授为苏格兰法学会所做的调查当中，人们被问到，当一位律师在下列六种情形中接近他们来提供法律服务时，他们是抱怨还是欢迎（如果你遭遇了一场事故；如果你正在考虑买一套房子；如果你正准备进行一项新的商业投资等）。这项研究显示，在调查当中不到2%的受访者会抱怨律师的接触，而大约一半的受访者会对六种情形下律师所提供的服务邀约要求表示欢迎。⑮ 总体上说，大约有 70%的人属于“欢迎”类型。而且，绝大多数受教育程度不高的人都欢迎被律师招揽。这项研究的结论是：“超高比例的人群将欢迎在我们所设定的不同情境下事务律师的初步介入，这样一个现象必然使人们对有关职业成员正确立场的诸多共同持有的假设产生质疑。对于这些数据特别需要注意的是，它表明社会公众当中很少有人对于事务律师能够提供的服务有恰当的认识，他们也希望对此有更多的了解（也就是需要更多的广告），对于一个更为积极也更为主动的法律职业有着一个更为清晰也更为强烈的呼吁。”⑯

加拿大律协法律职业伦理特别委员会也曾得出一个类似的结论。该委员会发现，法律中日益增长的复杂性与专业化使潜在客户要充满信心去遴选一位律师变得越来越困难。因此，该

⑬ EC 2-9.

⑭ Jaffe, *supra*note 6, at 5.

⑮ Campbell & Wilson, Public Attitudes to the Legal Profession in Scotland 69 (Mimeograph. 1973).

⑯ *Id*. at 68.

委员会建议，律师广告所被准许的形式“应当扩大和延伸”到下列范围：“律师名片应该在报纸上、购物中心指引以及其他类似公开出版物上以一种制度化形式公开。”⑰

那些反对对客户揽讼的人通常忽略了这样一个事实，即对其的严厉谴责本身，仅仅是一条更为基本的职业责任规则的一小部分例外而已。这条规则就是《职业责任守则》的“规范二”(Canon Two)：“律师应当协助法律职业去实现令法律代理可资利用的职责。”因此，该守则承认了职业有义务提供接近法律系统的路径——而且，该路径被假定为为了所有人而不是仅仅一小部分精英人员的利益。

不过，非常奇怪的是，对揽讼行为的限制出现在同一部“规范二”的《惩戒规则》当中。《惩戒规则》2—104 的一部分规定：“一位律师，假如已经为一位外行人提供了一份非招揽性建议，说他应该获得咨询或采取法律行动，则他不得接受由此建议所带来的聘用……”《惩戒规则》2—103 规定：“如果一位非律师不曾寻求建议，则一位律师不得将其自己、他的合伙人或非合伙律师推荐给其作为私人律师。”

这些规则第一眼读去显得广泛而绝对。但由于这些反招揽规则的某些例外，它们在实践当中其实是无意义的——至少对于一个特定类型的律师和客户而言。比如说《惩戒规则》2—104 进一步规定：“一位［曾经作出过自愿的建议的］律师可以接受来自密友、亲戚或前客户的聘请……”这种细微的改进意味着那些习惯于聘请律师来为其处理税务或不动产事务的人，还有那些有亲戚或朋友做律师的人都属于这类在该规则下可以被揽讼的人。就这些人的社会经济类型而言，在揽讼方面并没有什么不妥。除此之外，与《惩戒规则》2—104 条相一

⑰ Special Committee on Legal Ethics, Canadian Bar Association, Code of Professional Conduct, Recommendation V, at vii (Preliminary Report, June, 1973). 与此同时，该委员会也表达了对“不受规制的竞争性广告或职业招揽客户或任何其他被主要设计用来吸引职业工作的任何行为或事物的担忧”。*Id.* at 88-89.

致，大家已经知道，律师们通过获取税收抵扣来支付乡村俱乐部的会员费，其理由是这类费用是常规的也是必要的业务费用——也就是说是一种用于低调招揽业务的手段。一位杰出的联邦法官在去法院上任前从几家高级俱乐部退出了，他跟朋友们解释说因为他不再需要吸引客户了。

美国律协赞同的招揽客户的另一种方式是律师名册（law list），比如卷帙浩繁的《马丁代尔·胡贝尔名册》（*Martindale Hubbell*）。这纯粹也仅仅是一种自吹自擂的广告——婉转的叫法为“名片”，并且被引向了潜在的客户。但并非每位律师都被允许在《马丁代尔·胡贝尔名册》中宣传其职业简历、所在的显赫组织以及重要的客户。他必须等到出版者向其发出申请 a 等的时候，而只有提交一份来自 16 名法官和律师——这些律师本身也已经获得 a 等——的赞同性推荐意见才可能获得邀请。对于这个职业的其他所有成员来说，《马丁代尔·胡贝尔名册》就是一本仅限于少数人的名册。

一个类似的服务是《律师登记名册》（*The Attorneys' Register*）。这份名册宣称这个登记册遵照美国律师协会的意思举行了一场资格认证，并且解释道：“《律师登记名册》的主旨是继续成为一份有价值的传播媒体，它旨在确保为我们的列表成员们提供靠谱的（SUBSTANTIAL）法律业务……”（SUBSTANTIAL 这个词在整个名册中都是用大写字母来写的。）它为律师提供了“一次与律师界其他有名望的成员联系在一起被大家认识的机会”，而且出版商也答应他们将“尽力而为来促成对我们列表成员们的积极传播”。这个名册也提供了一部分“重要企业”的名录，“这些企业已经要求并且也将收到一份我们当前版本的名册……以便在寻求合格的……律师的时候能够用得上”。这个名录包括了大约 100 家公司，包括雅培、美国制糖公司、大陆罐头公司（Continental Can）、杜邦、通用电气以及美国胶合板公司（U. S. Plywood），这些公司将会在名录上通过付费广告来查询律师的名字和资质。除此之外，这份名册还将被免费发放给“经过精心挑选过的银行和信托公司、重要的工业公司、保险公司、金融机构以及类似机构，相信它们对于靠谱的法律事务有着多方面的需求”。

这就是律师所寻求的为那些富人或特权人士——比如约翰·J. 沃谢克的保险公司——提供代理的揽讼之道，在进行此类活动时，律师不用担心会受到处罚。当然，只有当那些寻求为其他社会经济群体——以欧内斯特·吉恩·冈恩的母亲，或者是租户而不是房东，消费者而不是生产者为典型代表——提供代理的时候，才会提出职业行为不当的问题来。对于这样一种不谙世故的行为——也就是为那些最需要接近法律系统的人提供法律代理，这也是“规范二”所承诺的——律协组织通过其惩戒规则和行动来抑制任何将该争议“拿出街道而走进法庭”的现实机会。

比如说，想象一下如下场景：一位妇女来到一个大都市的法庭，手里还抱着一个小男孩。她几乎完全不会讲英语。她被这样一个庄严的环境吓着了，感到惊慌失措。她所知道的仅仅是她被要求来到这个建筑的某个地方，可能因为她的儿子被逮捕了，也可能是因为她的房东试图将她们赶出去。人们从她身边匆匆走过，忙于他们自己的事。这时候一个男人出现了，向她微笑着，用她自己的语言询问他能否帮助她。通过他，她见到并聘请了这个男人的老板也就是一位律师，这位律师指引她去了恰当的地方并且为她的利益提供代理。在我看来，这位律师应该被提名为年度律师人物。但相反，他被指控为罪犯，被定了作为律师招揽业务的轻罪，经过惩戒程序并受到法庭的训诫。*

---

* *In re Solomon Cohn*, N. Y. L. J., Feb. 19, 1974, at 1: 6-7, 3: 3. 法院的意见这样写道，该律师没有污点记录，而且在他为人在法院提供代理之前，他已经先作为志愿者然后作为职员为法律援助协会工作了一段时间。意见的最后一段这样写道：“当然，我们无法宽恕被上诉人的不道德行为。不过，在对这里所涉及的所有背景——包括被上诉人的自我批评以及他已经遭受到的羞辱——进行恰当考虑之后，我们相信在当前宽大处理是恰当的。因此，被上诉人应该被训诫……”

如果这个职业有“去实现令法律代理可资利用的职责”的话，那么对于广告和招揽行为严加约束恰恰是通往错误方向的道路。相反，当律师们为那些忽视自己权利的人提供咨询以在法院中寻求正义的时候，他们应该有提起诉讼的职业义务。正如一位权威学者所表述的：

> 我们必须……摒弃……中世纪社会的臆断，也就是认为法律诉讼本身就是一种邪恶。如果我们继续假定说忍受一种错误行径比通过诉讼来纠正它总是要更好一些……如果我们对诉讼程序毫无信心而总是考虑其他方式的话，那么很难看出法律职业或者我们的法院机制能在多大程度上证成自己存在的价值，我们应该做的也许是考虑对我们的系统进行一次彻底的“检修”。⑱

庆幸的是，还有权威学者，还有人性观念、平等保护、言论自由以及申诉权来支持这样一种观点：法律系统存在的目的是让人民使用它，而那些需要法律建议的人民也有权利拥有它。的确，新的美国律师协会《职业责任守则》在下面这一点上使这样一种建议成为一个职业义务问题：“法律职业应该协助外行人去认识法律问题，因为这样一些问题也许不会自我呈现，而且常常无法得到及时的注意。”⑲ 因此，与法律权利相关的建议在下面的情形中被认为是恰当的，即当其为“一种欲望所驱使的时候，也就是要保护那些没有意识到自身也许有一些法律问题或者那些忽视其法定权利义务的”时候。⑳ 不过，与此同时，《职业责任守则》对那种仅仅“倾向于烦扰或伤害他人”的煽动诉讼行为进行了谴责。㉑

《职业责任守则》的确提出，一位律师不应该仅仅为了收

---

⑱ Radin, *Maintenance by Champerty*, 24 Calif. L. Rev. 48, 72 (1935).

⑲ EC 2-2.

⑳ EC 2-3.

㉑ *Id*.

取费用而对客户进行揽讼。[22] 不过，当律师的动机为混合型的时候——也就是说，当律师的行动既出于恰当的动机（提供必要的建议）也出于一种“不恰当的”动机（赚取费用），则恰当的动机便具有决定性了。比如说，在罗斯福新政期间，有一个组织原先叫作自由联盟，这是一个致力于反对像《国家劳动关系法案》这样的新政创新举措的律师群体组织。这个联盟发布广告表达了该法案是违宪的这样一种观点，并且提出愿意为任何想要对其提起诉讼的人提供代理。在第 48 号正式意见当中，美国律师协会职业伦理委员会认为这些律师的行为不仅在职业上非常恰当，而且是“富有意义的”。而且，该委员会还澄清了下面这一点：广告的恰当性不会受到部分律师为向客户收取费用而服务这样一种动机的影响：

> ……我们无须假定这些律师仅仅为利他主义动机所驱使。这个名单中的确有一些律师——尽管很少——并没有客户的权利因为这些律师所批判的立法而受到不利的影响，但他们结社和宣布他们观点的权利并未因这个原因而被剥夺，因此也并未违反什么伦理原则。

因此，非常清楚的是即便一位律师可能收取了报酬，如果该客户不如此的话将因为对法律的忽视或者未能获得有效的法律服务而丧失证明自己的机会的话，那么对客户的揽讼并未违反职业伦理。

正如之前讨论所表明的，《职业责任守则》对于揽讼和广告行为采取了一种分裂的立场。一方面，建议人们行使其权利是件好事，哪怕由此会带来一些费用。另一方面，对于一些客户来说，律师们最好不要这样去尝试。在反揽讼规则当中，这种不一致的一个结果是律师协会惩戒委员会已经使用它来对那些为不受欢迎的客户或事由提供代理的公益律师制造麻烦，即便他们并未从客户那里获得报酬。

---

[22] *Id.*

部分由于这些规则的特别滥用问题，在华盛顿特区的斯特恩（Stern）共同体律师事务所（我那时是该所的主任）决定对适用于无报酬案件的反揽讼规则提出挑战。那时候哥伦比亚地区在其公共福利机构里收留着比其他城市更高比例的无家可归的孩子。而这些福利机构却以过于拥挤和人手不足而备受诟病。在该律师事务所看来，哥伦比亚地区的这种境况很大程度上是由与收养和领养孩子相关的规则、行政政策以及做法的随意性所导致的。比如说，潜在的收养父母会因为是单身、因为父母亲都在工作或因为他们都是白人却准备收养一个黑人小孩而被拒绝或劝阻。㉓ 这些父母并未达到机构的“教科书理想”标准，但他们却能够提供一个健康的有爱的家，这些要远远好于孩子们现在真正仅仅能享受到的极其糟糕的福利机构的待遇。

另一方面，收养机构争辩说并不存在这样的收养父母，也并不存在所谓的随意的规则与做法，也没有其他现实方式来替代由福利机构来养育孩子。因此，对于律师事务所的立场来说，至关重要的是必须表明，潜在的父母事实上是存在的，只是被随意拒绝而已，尽管收养机构的主张是相反的。为了提醒这些收养父母，律师事务所在报纸、杂志、广播、电视上发布了一份《公共利益法律意见》，告知社区成员们说，我们需要收养服务、限制规则的无效性以及可获得免费的法律服务。

律师事务所所发布的第二份《公共利益法律意见》是我们为了让食品药品管理局宣布某些玩具对于孩子是危险的，并且作出规定，让之前已经购买该玩具的人有权照原价返还任何此类玩具。尽管通过国会的一项法案，食品药品管理局可以行使该权力已有接近一年的时间，尽管消费者群体也有此需求，但食品药品管理局拒绝这样做。因此，哥伦比亚法学院的院长助理哈利亚特·拉布（Harriet Rabb）——那时候是该律师事务

㉓ 在哥伦比亚特区，几乎所有的被福利机构抚养的孩子都是黑人。

所的一位雇员律师——代表消费者联合会和儿童基金会对美国卫生教育和福利部部长提起一项诉讼，以迫使食品药品管理局采取恰当的行动。这个机构最开始反对这一诉讼，但到了上诉审的时候，食品药品管理局发布了一份针对三十多种知名玩具的强制禁令，宣布它们可能让孩子致死或致残。不过，食品药品管理局未能迅速地颁布一项要求这些玩具被有偿回收的规定，所以律师事务所又发布了一份《公共利益法律意见》。该意见指出了那些被食品药品管理局认定为危险的玩具的名字和生产厂家，并且表达了购买者有权立刻获得有偿回收的法律意见。

不难预见的是，司法界和律师界的一些成员向哥伦比亚地区律师协会职业伦理与申诉委员会提出了投诉。尽管委员会最开始的态度是对广告的想法充满敌意，但在对这个问题的利弊进行全面的考虑之后，委员会成员们改变了他们的看法。结果，委员会撰写了本国第一份赞同公益律师在提供无报酬服务的情况下，可以对客户进行揽讼的律师协会意见。[24] 在这份意见当中，职业伦理与申诉委员会认为，斯特恩律师事务所对客户的揽讼行为“与《职业责任守则》的精神和字面含义是一致的”，并且“坚守了法律职业的最高责任”。弗雷德·格雷汉姆(Fred Graham)在《纽约时报》上评论道：“对于一个曾经禁止律师佩戴带有他们州律师界标志的领带扣，也禁止寄送圣诞贺卡给预期客户——因为此类行为都是违反职业伦理的‘广告行为’——的职业来说，在新规定中所赞成的活动无疑是破天荒的。”

不过，这样一种评价有些夸大其词了。事实上，联邦最高法院在一系列更为重要的案件中已经提出，职业伦理规则必须

---

[24] *See*，41 D. C. B. J. 102 (1974).（在1971年发布的）意见表示，广告当中不得包括律师个人的名字，还有“Law”一词不能用于律师事务所的名字当中（“Stern Community Law Firm”）。该律师事务所公开反对这项限制，我认为这些限制是违宪的。*See*，Freedman，*Solicitation of Clients*，Juris Doctor，April，1971.

让位于宪法权利。正如斯特恩律师事务所在提交给职业伦理与申诉委员会的备忘录里说到的，第一修正案将揽讼作为律师言论自由也作为客户申诉平反冤屈权利的一个重要维度来加以保护。㉕ 比如，全国有色人种协进会诉巴顿（*NAACP v. Button*）一案就将对客户的揽讼行为放在下列背景下来考虑：全国有色人种协进会为了学校废除种族隔离案件而聘用了原告。全国有色人种协进会召集了一系列会议，不仅邀请了它的成员和穷人，而且邀请了社区的所有成员。在这些会议中，该组织的雇员律师们占据了讲台来敦促与会者授权律师代表他们进行诉讼。* 全国有色人种协进会通过支付所有的费用来坚持随后而进行的诉讼，而不管某一具体原告的财务状况如何。

弗吉尼亚抗议说，根据州法规定，全国有色人种协进会的活动构成了不恰当的揽讼，因此属于传统上规制职业行为的州权力的管辖范围。不过，联邦最高法院认为：“该州努力将全国有色人种协进会及其律师的行动等同于普通法上的挑词架讼和助讼图利，并因此将他们宣称为不合法，但这无法掩盖对受保护的言论自由的……严重侵害。”法院总结道：“因此，正如弗吉尼亚最高上诉法院已经说的，这并非对上诉人所声称的宪法主张的答案，也就是说，这些规章的目的仅仅是确保高职业标准，而不是为了克减自由表达。因为一个州不得在禁止职业不当行为的借口下忽视宪法权利。”㉖

随后，在 *Brotherhood of Railroad Trainmen v. Virginia ex rel. Virginia State Bar* 一案中，最高法院考虑了揽讼问题。

---

* 在写道巴顿案中对揽讼行为的禁止已经“严重削弱”了全国有色人种协进会所做的努力的时候，法院已经认识到揽讼对于公益诉讼的极端重要性了。*United Mine Workers v. Illinois State Bar Ass'n*，*infra* note 25，at 223，19 L. Ed. 2d at 431.

㉕ NAACP v. Button，371 U. S. 41，83 S. Ct. 328，9 L. Ed. 2d 405（1963）；Brotherhood of R. R. Trainmen v. Virginia *ex rel*. Virginia State Bar，377 U. S. 1，84 S. Ct. 1113，12 L. Ed. 2d 89（1964）；United Mine Workers v. Illinois State Bar Ass'n，389 U. S. 217，88 S. Ct. 353，19 L. Ed. 2d 426（1967）；United Transp. Union v. State Bar，401 U. S. 576，91 S. Ct. 1076，28 L. Ed. 339（1971）.

㉖ *NAACP v. Button*，*supra* note 25，at 438-39，9 L. Ed. 2d at 421.

在该案当中，一个工会的法律服务计划导致将所有或几乎所有铁路工人的个人伤害的代理——都是个人支付费用——都引向了由工会选择的律师，而且在其宣传品和会议上都进行了招揽客户行为。法院再次基于宪法理由对招揽行为给予了肯定，尽管两位持不同意见的大法官提出了反对意见。他们认为，通过对个人伤害主张的揽讼行为给予宪法性保护，最高法院“使法律执业行为降格到了商事企业的层次”“使职业自甘堕落”，并且“不仅与职业内部所接受的职业伦理相抵触，而且同可接受行为的立法和司法规则相抵触”㉗。

在联合煤矿工人（*United Mine Workers*）一案当中，最高法院处理了这样一个观点，即巴顿案（*Button*）应该被限制在涉及重大政治问题当中而不应该扩展到个人伤害案当中。最高法院提出：“当然，待解决的诉讼并不局限于敏感社会时刻的政治问题——就像巴顿案中那样，但第一修正案保护言论以及类似权利的范围仅仅局限于它被界定为政治性的时候。”“伟大的世俗问题产生了，随之而来的是无数小人物受到了保护……”㉘ 最终，在联合运输工会（*United Transportation Union*）一案中，最高法院推翻了一份设计来——用哈伦大法官的话说——“避免‘追逐救护车’”的州禁令。㉙ 在那个案子当中，一个工会雇用了调查者去追踪事故，带着风险代理收费合同访问了受伤的会员，并且敦促会员们与指定的私人律师签订合同。这些律师是由工会遴选出来的，并且同意按照工会先前设定的合同来收取费用。这些调查者在将潜在客户运送到所指派的律师办公室以签订聘用合同，所花费用也都是由工会支付的。

㉗ *Brotherhood of R. R. Trainmen v. Virginia ex rel*. Virginia State Bar, *supra* note 25, at 9, 12 L. Ed. 2d at 95 (克拉克大法官提出异议).

㉘ United Mine Workers v. Illinois Bar Ass'n, supra note 25, at 223, 19 L. Ed. 2d at 431.

㉙ *United Transp. Union v. State Bar*, *supra* note 25, at 597, 28 L. Ed. 2d at 353 (哈伦大法官提出异议).

在赞同这项安排的过程中，最高法院重申“通过集体行动来获得通往法院的有益路径是第一修正案范围内的一项基本权利”㉚。不过，重要的是要记住：（1）涉案律师并非该工会的内部法律顾问，而是私人执业律师；（2）律师赚取了高额的费用；（3）这些案件并非严格意义上的“公益”案件；而且（4）这些律师是通过由工会付费的调查者的系列活动而获得聘请的，这些调查者的工作是发现哪里出了事故，然后于第一时间拜访受害者，向他们“兜售”一些特定律师，然后如果必要的话，还会将受害人带到律师办公室以获得一份签好的风险代理合同。

最高法院唯一未能解决的问题是调查者如直接受雇于这些律师，则这些行为是否恰当。持异议意见的大法官本来就不赞同，而大多数大法官则并未触及这一问题，理由是这个问题并不在法庭记录当中。不过，很难看出来由谁来为调查者付钱为何会有如此重要的差异。像冈恩女士这样不谙世事的人需要如何获得法律服务的信息，无论她是否是工会成员，也无论是谁来为她的信息提供者支付费用。而且，尽管最高法院碰巧在系列工会案件中处理了集体法律服务的问题，但在巴特案中，并未将进行揽讼的人局限在全国有色人种协进会的成员内。

我们以冈恩诉沃谢克案来作为开端，而它也是一个可以用来作为结尾的恰当案件。如果律师能认真对待“规范二”当中所表述的主要规则，则律师界必须推翻冈恩案所例证的模式。首先，我们必须强有力地惩戒那些滥用他们的训练、技能和地位的律师，他们对无代理的外行人肆意误导、独断专横乃至弄巧成拙。其次，我们应该鼓励而不是禁止律师去寻找像冈恩女士这样拥有法律权利却因为疏忽大意而被剥夺了通往法律系统的路径的人。

㉚ *Id*. at 585, 28 L. Ed. 2d at 347.

简而言之，我们应该认识到，当欧内斯特·吉恩·冈恩被约翰·J. 沃谢克伤害的时候，当保险理赔员而不是一名原告律师首先去拜访冈恩女士的时候，法律职业已经一败再败了。

法律人的灵魂何处安放?!（译后记）

一

近年来，随着重庆李庄案、北京李某某案、死磕派律师现象等一系列事件的不断出现，法律职业伦理问题反复叩问着法学界和实务界人士的内心。律师对客户的保密义务是否存在例外？在客户利益与公共利益发生严重冲突的时候，律师该当如何自处？对于伪造的证据，律师能否提交给法庭？对于那些明知为诚实的对方证人能否通过交叉询问使其显得在撒谎？在向客户提供法律建议的时候，如何在合法与非法之间保持恰当的姿态？对于检察官的过度指控行为应当如何评价？律师能否通过“追逐救护车”来进行执业推广活动？律师对在审案件的庭外宣传活动应该受到什么样的限制？这一系列问题是法律人在日常执业当中经常遭遇却鲜有答案的问题。而本书恰恰是第一次对这一系列问题进行系统阐述讨论的一部经典著作。

本书出版于 1975 年，那时恰恰是法律职业伦理问题最为人所关注的时期。在此前的三年，美国爆出举世震惊的“水门事件”，时任总统尼克松的竞选班子为了赢得下一届大选采取了一些不光明手段。而总统的竞选班子当中绝大部分是法律人，经此事件，全美国对于法律职业的信任程度下降到了低谷。事隔 25 年之后，著名的法律职业伦理研究专家罗纳德·D. 罗汤达（Ronald D. Rotunda）这样回忆道：

> 我想起了一个痛苦的时刻：二十多年前尼克松总统的前顾问约翰·迪恩（John Dean）在参议院“水门事件”调

> 查委员会作证。他事先准备了一个名单，他认为这些人都可能牵扯进了妨害司法的共谋中。许多名字的边上有一个星号。一个参议员问他星号代表什么意思，约翰·迪恩说表明这些人都是律师。律师和一般公众对该评论作出了反应。美国律师协会不久作出决定，法学院必须提供、法学院学生必须修习法律职业道德——更多的情况下被叫作职业责任（Professional Responsibility））——方面的必修课程。①

因此可以说，法律职业伦理的教学和研究一开始便是为了回应社会公众的质疑而产生的。而在此之前，法律职业伦理并未受到法学院的重视，正如本书作者在导言中所说的，当他在哈佛大学法学院学习的时候，其实没有什么法律职业伦理的课程。而本书可以说是第一本对法律职业伦理系列问题进行系统讨论的著作。之所以说其是经典，不是因为本书对系列法律职业伦理问题给出了准确的甚至是终极的回答，而是因为本书以学理的形式对法律职业伦理的一系列问题进行了系统的阐述和讨论。正因为如此，本书出版之后便在美国法学界和实务界产生重要影响，被认为是对法律职业伦理进行系统阐述的第一本著作并获得美国律师协会的银植奖。作者门罗·弗里德曼（1929—2015）是美国霍夫斯特拉大学法学院教授，美国法律职业伦理研究的主要开拓者。他的代表性著作有《对抗制下的法律职业伦理》《律师职业道德的底线》等，对推动美国法律职业伦理的研究和实践产生了巨大的影响。因弗里德曼在法律职业伦理方面的卓越研究，他被称为“现代法律职业伦理之父”和“法学院的良心”。弗里德曼教授的著作已经逐渐被翻译引进中国，对国内的法律职业伦理研究和教学必将产生积极的影响。②

---

① 罗纳德·D. 罗汤达．律师职业道德的教学：水门事件后的25年．王进喜译．律师文摘．2003年第2辑．北京：法律出版社，2003.

② 蒙罗·H. 弗里德曼，阿贝·史密斯．律师职业道德的底线．王卫东译．北京：北京大学出版社，2010.

二

尽管法律职业伦理问题在法律人的执业活动当中是如此常见以至于成为事关法律人安身立命的重要问题，但无论在法学院的课程体系中还是在法律实务界，这些问题似乎很少被严肃讨论过。在一篇文章当中，我曾经用“三个反差”来总结法律职业伦理在中国当下的境遇①：

> 第一个反差，即律师职业伦理问题的频频提出与律师职业行为规范的边缘地位间的反差。律师职业伦理问题最近这些年成为中国律师执业过程中经常遇到的问题，比较典型的包括律师伪证问题、律师的利益冲突问题、律师的保密问题、律师退出代理问题、律师的庭外言论问题、律师的庭上表现问题、律师收费问题、律师业务推广问题等。这些问题正在成为待解的谜题并困扰着职业律师。尽管律师的执业实践已经遭遇越来越多的律师职业伦理问题，但这些问题通过现行的律师职业行为规范却常常得不到解决，这种应对乏力在许多个案当中均有所体现。最近几年来，律师职业伦理失范问题在现实社会当中被频频提出，这种失范在重庆李庄案件前后引起了全社会前所未有的关注。社会舆论和学术界从许多角度对李庄案进行讨论，但却没有从律师职业行为规范的视角来审视这一问题。李庄的行为是否构成了伪证行为，这不仅仅是一个刑法问题或者说首先不是一个刑法问题，更是一个律师职业伦理问题，是一个需要适用律师职业行为规范的问题。但在整个过程中，我们并未看到该问题被视为一个律师职业伦理的问题，人们也未启动律师职业行为规范对此作出积极的回应。这从两个方面可以看出：首先，李庄在重庆被

① 吴洪淇．法律职业的危机与改革．北京：中国政法大学出版社，2017：267-270.

审查批捕之后，北京律协派出五人调查小组赶赴重庆了解有关情况。调查小组回京后仅仅表示“期望重庆司法机关依法办案”，但对李庄的行为评价丝毫未曾提及。其次，李庄被定罪之后，北京律协的惩戒措施是注销其律师资格，而其根据主要是《律师法》。律师职业规则在这里完全被遗忘，而李庄自身的行为是否违反律师职业行为规范也完全没有得到评价。对于律师或律师事务所遇问题的解读可以是多方位的，但在这种多方位的解读当中，无论是公众还是律师本身最为忽略的往往是自身，考虑的应对之策也往往与律师职业行为规范无关。在律师的执业生活当中，本应与其执业密切相关的律师职业行为规范似乎离他们非常遥远。

第二个反差，即律师职业行为规范的高标准与较低的可操作性之间的反差。律师职业行为规范中规定了律师的诚信义务、勤勉义务、称职性要求等一些较为抽象的高标准，但这些高标准很多时候并未落到实处，也没有有效的落实手段。律师行业自身对律师职业行为规范并不重视，甚至完全不知道律师职业行为规范到底用来做什么。许多律师在其日常执业当中并不了解职业伦理规范的知识，也不重视律师职业行为规范当中所规定的权利义务。无论在法学教育当中还是在司法考试中，律师职业行为规范都属于几乎可以被忽略的领域。无论在新律师的实习培训中，还是在老律师的执业过程中，律师对业务拓展的兴趣远远高于其对律师职业行为规范的兴趣。许多律师更多地将律师职业行为规范视为对自己行为的一种约束，而不是看成自己执业的一种有效的风险防范机制。律师职业行为规范的高标准带来的一个问题是尽管标准很高，却远离律师执业的具体需要。律师职业行为规范的内容过于抽象、缺乏可操作性、未能与律师执业行为紧密联系起来，导致律师职业行为规范本身被忽视。因此，与其说律师对于律师职业行为规范完全没有需求，毋宁说我们现有的律师职业行为规范还无法满足律师们对律师职业行为规范的这种制度需求。当律师职业行为规范只能提供抽象的高标准，而无法去回应律师执业的具体制度需求的时候，律师职业行为规范在某种意义上将注定沦为一种宣言和符号。

第三个反差，即律师职业伦理教育与培训的中外反差。律师职业伦理研究和教学在美国、日本等国家都受到高度的重视。在美国，律师职业伦理课程是法学院的必修课，律师职业伦理考试是律师资格考试必须要通过的一个科目，律师职业伦理研究已经成为同刑法、民法等并驾齐驱的一个部门法学，其规范和判例内容是如此复杂，以致美国法律协会需要对其进行重述。① 而在国内，律师职业伦理及与其类似的课程往往是可有可无的选修课程，很多法学院甚至没有开设这门课程，仅仅在律师实务这样的课程当中才会偶尔涉及一些。在司法考试中，律师职业行为规范所占分值比重一般是总分600分中的10分左右。在各个法学院，只有极少数法学院才设有专门的律师职业伦理的教研室或研究中心，职业伦理的研究生招生只能附属于司法制度、法理学等专业学位之下来进行。即使是已经非常有限的教学对于律师的影响来说也是微乎其微，在法学院的课程体系中，职业道德课程本已处于相对边缘的位置，常常被视为没有用处的课程。而在毕业之后的法律执业培训过程中，也很少有人会讲授律师职业伦理方面的课程。法律职业伦理课程在法学院和律师职业培训中的这种尴尬境地进一步凸显了律师职业行为规范在中国当下的困境。

如果说，对于恢复重建的中国法律职业来说，更重要的任

① 罗纳德·D. 罗汤达. 律师职业道德的教学：水门事件后的25年. 王进喜译. 律师文摘. 2003年第2辑. 北京：法律出版社，2003.

务在于开拓法律服务市场，而不是考虑通过法律职业伦理规范进行自我束缚，那么，当中国的法律职业群体已经发展成为一个拥有律师总人数超过 30 万人，律师事务所达到 2.5 万多家，年收入超过 679 亿元的时候，我们应该去认真思考“法律人的灵魂何处安放”这样一个终极问题了。① 尽管中国法律人的职业生活已经面对各种各样的职业伦理问题，但无论学术界还是实务界似乎依然无法对此进行得体的应对。当一个个法律人（甚至包括最高法院的副院长）因失范行为相继“倒下”的时候，当一家家律师事务所因为执业不当行为而遭受巨额罚款甚至被剥夺资格的时候，我们似乎显得手足无措、进退失据。在一路高歌猛进的同时，如何通过法律职业行为规范对法律人进行有效的自我规制便成为一个亟待正视的问题。如何化解法律职业自身的伦理困境、调和职业伦理与社会公众伦理之间的价值鸿沟，也是所有法律人都必须直面的问题。仅仅再去追问"好律师能不能也是好人" 这样的抽象问题已经无法解决实际问题，还需要将这些伦理问题转换成为可以操作的规范问题和行之有效的规制策略。而律师职业伦理规范便是这些规制策略当中最为重要的一种。

三

这是一本拖延了 10 年的译著，它和《法律职业的危机与改革》（中国政法大学出版社 2017 年版）一书共同见证了译者在法律职业研究领域曲折的心路历程。2004 年，译者进入中国政法大学攻读法学理论硕士学位，师从王进喜教授。由于法律职业研究和法律职业伦理这个领域当时甚至直到现在在中国都属于相对边缘的领域，可供阅读的文献并不太多，因而进喜老师非常强调学生通过翻译来把握国外相关研究，以比较法的

---

① 李豪．我国执业律师人数已突破 30 万．http：//www.legaldaily.com.cn/index/content/2017－01/09/content_6947998.htm? node=20908，［2017－01－09］．

视野来研究中国法律职业特别是律师业。在平时的学习生活当中，他经常推荐一些文献让学生翻译练习，本书就是其中的一本。对于一位在学术上尚未入门的研究生，这种研究式翻译尽管耗费时间和心力，但无疑是非常有效的学术训练手段。通过翻译，不但极大扩展了学生的研究视野，更重要的是通过对一些经典文献逐字逐句的阅读和反复的琢磨，最终对学生的学术思维方式有着很好的塑造作用。

非常可惜的是，当本书翻译到一半左右，译者由于博士阶段转向证据法学方面的研习，本书的翻译就放下了。本来觉得它会作为习作一直尘封在电脑硬盘当中，承蒙王老师不弃，将该书纳入其所主持的翻译丛书当中，译者于是从去年开始又捡起来，对本书进行重新翻译校对，最终在出版社的督促下完成了本书的翻译工作。尽管本书中文版的完成距离原书出版时间已经过去了 42 年之久，尽管中文版的完成距离开始翻译已经 10 年之久，但我觉得本书的出版非但没有过时，反倒恰逢其时。正如前面所讲的，原书出版之时，中国距离法律职业的系统重建还需要几年时间，中国法律职业的脱钩改制更是发生在 20 多年之后。而 10 年前的中国，律师和律师事务所才刚刚完成脱钩改制，律师商业化的问题才刚刚出现端倪。在这样一种氛围当中，讨论律师的职业伦理问题显然会令人觉得还为时尚早。而经过 10 年的迅猛发展，中国律师业已经开始进入一个相对稳定的法律服务市场时期。律师们的竞争开始不断加剧，各种失范行为也不断出现，前述法律职业伦理问题也开始困扰中国律师。在律师不当行为不断出现的时候，如果律师自身既无法采取有效措施应对，又没有律师职业行为规范这样一个屏障的话，那么一个直接后果就是这些失范行为会直接引发刑法的规制，许多律师因而身陷囹圄。在这样一个背景下，也许到了需要认真对待法律职业伦理问题的时候了。

本书的翻译出版首先要感谢作者门罗·弗里德曼教授。多年前我和他联系本书翻译的时候，他当即表示同意并嘱咐我翻译出版后寄三本给他。感谢他对本翻译的慷慨授权。非常遗憾的是，因为我的原因本译本没有在其去世之前完成，期望中译本的出版能够减轻一点我的内疚感。感谢王进喜教授的慧眼，感谢他对我多年的教导和支持。感谢张保生教授多年来的指导与支持，其所领导的“2011计划”司法文明协同创新中心对本书的翻译给予了宝贵的资助。感谢我的家人，容忍我研究、翻译工作给他们带来的种种不便。翻译是一件非常熬人的事，往往因为一个词、一句话的表达而绞尽脑汁。但这种研究型翻译同时也是非常诱人的，就好像一个小孩子看到一个好东西总是忍不住要跟大家分享一番。希望本书的翻译出版能够为中国法律职业伦理研究有些许的推动作用！

图书在版编目（CIP）数据

对抗制下的法律职业伦理/（美）门罗·弗里德曼（Monroe H. Freedman）著；吴洪淇译．—北京：中国人民大学出版社，2017.8

（中国律师实训经典）

书名原文：Lawyers' Ethics in an Adversary System

ISBN 978-7-300-24750-2

Ⅰ．①对…　Ⅱ．①门…②吴…　Ⅲ．①律师-职业道德-研究　Ⅳ．①D916.5

中国版本图书馆 CIP 数据核字（2017）第 196946 号

中国律师实训经典

对抗制下的法律职业伦理

［美］门罗·弗里德曼（Monroe H. Freedman）　著

吴洪淇　译

Duikangzhi xia de Falü Zhiye Lunli

出版发行	中国人民大学出版社		
社　　址	北京中关村大街 31 号	**邮政编码**	100080
电　　话	010－62511242（总编室）		010－62511770（质管部）
	010－82501766（邮购部）		010－62514148（门市部）
	010－62515195（发行公司）		010－62515275（盗版举报）
网　　址	http://www.crup.com.cn		
经　　销	新华书店		
印　　刷	固安县铭成印刷有限公司		
开　　本	720 mm×1000 mm　1/16	**版　　次**	2017 年 8 月第 1 版
印　　张	11 插页 2	**印　　次**	2024 年 6 月第 2 次印刷
字　　数	130 000	**定　　价**	70.00 元

中国律师实训经典·律师职场系列

律师的职业责任与规制（第二版）

ISBN：978-7-300-17357-3

作者：［美］黛博拉·L. 罗德

定价：￥39.80　　出版时间：2013-05-31

践行正义：一种关于律师职业道德的理论

ISBN：978-7-300-16985-9

作者：［美］威廉·西蒙

定价：￥30.00　　出版时间：2014-05-01

中国律师实训经典·高端业务系列

公司兼并与收购教程　　ISBN：978-7-300-19028-0

主　　编：肖　微　　定价：￥68.00

出版时间：2014-04-30

中国企业境内首次公开发行及上市业务教程

ISBN：978-7-300-19027-3

主　　编：靳庆军　　定价：￥58.00

出版时间：2014-04-30

中英商务合同精选与解读　　ISBN：978-7-300-15196-0

作　　者：林克敏　　定价：￥42.00

出版时间：2012-03-31

中国律师实训经典·基础实务系列

律师执业基础	黄士林主编	出版时间：2014-04-30
刑事诉讼律师基础实务	钱列阳主编	出版时间：2014-04-30
行政诉讼律师基础实务	吕立秋主编	出版时间：2014-04-30
民事诉讼律师基础实务	翟雪梅主编	出版时间：2014-04-30
非诉讼业务律师基础实务	李大进主编	出版时间：2014-04-30
商事仲裁律师基础实务	韩　健主编	出版时间：2014-04-30
公司业务律师基础实务	龚志忠主编	出版时间：2014-04-30
房地产业务律师基础实务	李晓斌主编	出版时间：2014-04-30
企业法律风险管理基础实务	徐永前主编	出版时间：2014-04-30
劳动法律师基础实务	姜俊禄主编	出版时间：2014-04-30
知识产权业务律师基础实务	温　旭主编	出版时间：2014-04-30
婚姻家庭与继承律师基础实务	王　芳主编	出版时间：2014-04-30
合同业务律师基础实务	吴江水　著	出版时间：2014-04-30
侵权责任法律师基础实务	杨立新等著	出版时间：2014-04-30